AF233979

AVIS
D'UNE MERE
A SON FILS
ET
A SA FILLE.

AVIS
D'UNE MERE
A SON FILS
ET
A SA FILLE

A PARIS,

Chez ETIENNE GANEAU, Libraire Juré
de l'Université, ruë S. Jacques, aux Armes
de Dombes, prés la ruë du Plâtre.

M. DCC. XXVIII.

Avec Approbation & Privilege.

AVIS
D'UNE MERE
A
SON FILS.

UELQUES soins
que l'on prenne
de l'éducation des
enfans , elle est
toûjours très-imparfaite ; il
faudroit pour la rendre utile,
avoir d'excellens Gouver-
neurs , & où les prendre ? à
peine les Princes peuvent-
ils en avoir & se les conserver. Où trouve-t'on des
hommes assez au-dessus des

A

autres, pour être dignes de les conduire ; cependant les premieres années font précieuses , puisqu'elles aſſurent le mérite des autres.

Il n'y a que deux tems dans la vie où la verité ſe montre utilement à nous : dans la jeuneſſe , pour nous inſtruire : dans la vieilleſſe , pour nous conſoler. Dans le tems des paſſions la verité nous abandonne.

Quoique deux hommes celebres , * aïent eu attention à votre éducation , par amitié pour moi ; cependant obligez de ſuivre l'ordre des études établis dans les colleges , ils ont plus ſongé dans vos premieres années à la

* Le P. Bouhours , & le P. Cheminais

ſcience de l'eſprit, qu'à vous apprendre le monde & les bienſéances.

Voici, mon fils, quelques préceptes qui regardent les mœurs. Liſez-les ſans peine. Ce ne ſont point des leçons ſeiches, qui ſentent l'autorité d'une Mere ; ce ſont des avis que vous donne une amie & qui partent du cœur.

En entrant dans le monde, vous vous êtes apparemment propoſé un objet ; vous avez trop d'eſprit, pour vouloir y vivre à l'avanture : vous ne pouvez aſpirer à rien de plus digne, ni de plus convenable, que la gloire : mais il faut ſça-voir ce que l'on entend par le terme de gloire, & quelle idée vous y attachez.

A ij

Il en eſt de bien des ſortes ;
chaque profeſſion a la ſienne.
Dans la vôtre, mon fils, on
entend la gloire qui ſuit la valeur. C'eſt la gloire des Héros.
elle eſt la plus brillante; les
véritables marques d'hoñeur
& les récompenſes y ſont attachées ; la Renommée ſemble ne parler que pour eux ,
& quand vous êtes parvenu à
un certain degré de réputation , rien n'eſt perdu. Tout
le monde a conſenti qu'on
donnât le premier rang aux
vertus militaires ; cela étoit
juſte. Elles coûtent aſſez : mais
il y a pluſieurs manieres de
s'acquiter de ſes obligations.

Le uns n'embraſſent la profeſſion des armes , que pour
éviter la honte de dégenerer ;

les autres ne la suivent pas
feulement par devoir , mais
par goût. Les premiers ne
s'élevent gueres au-deffus de
leur état ; c'eſt une dette qu'ils
payent : ils en demeurent là.
Les autres , foûtenus par l'ambition , marchent à pas de
géans dans le chemin de la
gloire. Les uns ont la fortune
pour objet ; les autres l'élevation & l'immortalité. Ceux
qui fe bornent à la fortune ,
ont toûjours un mérite bor-
né. Tout homme qui n'afpire
pas à fe faire un grand nom ,
n'exécutera jamais de grandes chofes : ceux qui marchent nonchalamment , fouf-
frent toutes les peines de leur
profeffion , & n'en ont ni
l'honneur , ni la récompenfe.

A iij

Si l'on entendoit bien ſes interêts , on negligeroit la fortune , & l'on n'auroit dans toutes les profeſſions que la gloire pour objet. Quand vous êtes parvenu à un certain dégré de mérite , & qu'il eſt connu , la grande gloire a toûjours la fortune à ſa ſuite. On ne peut avoir trop d'ardeur de s'élever , ni ſoûtenir ſes déſirs d'eſperances trop flateuſes.

Il faut par de grands objets donner un grand ébranlement à l'ame , ſans quoi elle ne ſe mettroit point en mouvement. Quelqu'ardent , quelque vif que ſoit votre amour pour la gloire , vous demeurez encore bien au-deçà du terme : mais quand vous n'iriez qu'à moitié chemin, il est toûjours beau d'avoir ofé.

Rien ne convient moins à un jeune homme qu'une certaine modeftie, qui lui fait croire qu'il n'eft pas capable de grandes chofes. Cette modeftie eft une langueur de l'ame, qui l'empêche de prendre l'effort, & de fe porter avec rapidité vers la gloire. On difoit à Agefilas, que le Roy de Perfe étoit le grand Roy ; *Pourquoi fera-t'il plus grand que moi*, répondit-il, *tant que j'aurai une épée à mon côté*. Il y a un mérite fuperieur, qui fent que rien ne lui eft impoffible.

La fortune, mon fils, ne vous a pas aplani le chemin de la gloire ; pour vous l'ou-

vrir, je vous donnai de bonne heure un Regiment, per-
fuadée, qu'on ne pouroit en-
trer trop-tôt dans une profeffion , où l'experience eft fi
néceffaire ; & que les premieres années affuroient la réputation & répondoient de toute la vie. Vous fîtes la campa-
gne de Barcelone, la plus heureufe pour les armes du Roy,
& la moins celebrée ; vous
revenez en Italie, où tout eft
contre nous, où nous avons
à combattre, climat, ennemis, fituation & prévention.
Les campagnes malheureufes
pour le Roy, le font auffi pour
les particuliers; la terre enfe-
velit les morts & les fautes
des vivans ; & la Renommée
fe taît, & ne parle plus des

fervices de ceux qui reftent ;
mais il faut compter que la
vraie valeur n'eft jamais igno-
rée. Il y a tant d'yeux ouverts
fur vous , que ce font autant
de témoins de ce que vous
vallez : de plus , de pareilles
campagnes vous inftruifent
davantage : vous vous êtes
effayé : vous fçavez vous même à peu près ce que vous
êtes ; les autres le fçavent auffi , & fi vôtre réputation fe
forme moins vîte , elle en eft
plus certaine.

Les Grands Noms ne fe
font pas en un jour : mais ce
n'eft pas feulement la valeur
qui fait les hommes extraordinaires , c'eft elle qui les
commence , & les autres vertus les achevent.

L'idée d'un Heros est incompatible avec l'idée d'un homme fans juftice, fans probité, & fans grandeur d'ame. Il ne fuffit pas d'avoir l'honneur de la valeur, il faut auffi avoir l'honneur de la probité. Toutes les vertus s'uniffent pour former un Héros. La valeur, mon fils, ne fe confeille point ; c'eft la nature qui la donne : mais on peut l'avoir à un très-haut dégré, & être d'ailleurs peu eftimable.

La plûpart des jeunes gens croient toutes leurs obligations remplies dès qu'ils ont les vertus militaires, & qu'il leur eft permis d'être injuftes, mal-honnêtes, & impolis. N'étendez point le droit de l'épée, il ne vous dispense pas des autres devoirs.

Soyez, mon fils, ce que les autres promettent d'être ; vos modéles sont dans votre Maison. Vos Peres ont sçû associer toutes les vertus à celles de leur profession. Fidele au sang dont vous sortez , songez qu'il ne vous est pas permis d'être un homme médiocre : on ne vous en quittera pas à bon marché. Le mérite de vos Peres rehaussera votre gloire, & fera votre honte, si vous dégénerez ; ils éclairent vos vertus & vos défauts.

La naissance fait moins d'honneur qu'elle n'en ordonne,& venter sa race, c'est loüer le mérite d'autruy.

Vous trouverez , mon fils, tous les chemins qui condui-sent à la gloire bien préparez; c'est un grand trésor qu'un bon Nom,& la réputation de ses Peres. Ils vous ont mis à portée de tout ; ce n'est pas assez de les égaler , il faut les passer , & arriver au terme,je veux dire , aux honneurs qu'ils ont approchez de si près , & qu'une mort préma-turée leur a ravis.

Je regrette tous les jours de n'avoir pas vû votre grand-Pere. Au bien que j'en ai oüi dire , personne n'avoit plus que lui les qualitez éminen-tes & le talent de la guerre. Il s'étoit acquis une telle esti-me & une telle autorité dans l'armée , qu'avec dix mille

hommes il faisoit plus que les
autres avec vingt. Il auroit
mené les troupes à un peril
certain, qu'elles auroient crû
aller à une victoire assurée.
L'exécution des ordres qu'il
recevoit n'étoit jamais dou-
teuse entre ses mains. Au sié-
ge de Graveline, les Maré-
chaux de Gassion & de la Milleraye qui comandoient, s'é-
tant broüillez, leur démêlé di-
visa l'armée, les deux partis al-
loient se charger, lorsque votre grand-Pere, qui n'étoit a-
lors que Maréchal de Camp,
plein de cette confiance & de
cette autorité que donne le
zéle du bien public, ordon-
na aux troupes de la part du
Roi de s'arrêter. Il leur défen-
dit de reconnoître ces Géné-

raux pour leurs chefs, les troupes lui obéïrent, les Maré-
chaux de la Milleraye & de
Gaffion, furent obligez de fe
retirer. Le Roi a fçû cette ac-
tion, & en a parlé plus d'une
fois avec eftime.

Sa fidelité parut à la guerre
de Paris ; il refufa le Bâton
de Maréchal de France que
Monfieur Gafton Duc d'Or-
leans lui fit offrir pour l'atti-
rer dans fon parti. Le Roi
l'ayant fçû, lui envoya le Brevet de Chevalier de l'Ordre,
& lui écrivit qu'il n'oubliroit
jamais les preuves qu'il ve-
noit de lui donner de fon attachement.

Quand il eut le Gouver-
vement de Metz (le plus beau
de ce tems-là, & le plus defi-

ré,) le Cardinal de Richelieu lui en envoya le Brevet à la Chapelle, dont il étoit Gouverneur. Il étoit couché lorsque le courier arriva : ses gens l'éveillerent ; il prit le paquet sans l'ouvrir, le mit sous son chevet, & se r'endormit.

Etant Gouverneur de Metz, on lui offrit des sommes considerables pour consentir à l'établissement d'un Parlement en cette Ville ; il ne voulut jamais y donner son consentement. Les Gouverneurs de ce tems-là avoient la même autorité que des Vice-rois. Il refusa cent mille francs que les Juifs lui offrirent pour avoir la permission de ne plus porter le chapeau jaune. Son cœur sensible à la vraie gloire , fans vanité , fans vûë de récompenfe , méprifoit les richeffes , & n'aimoit la vertu que pour elle-même. Il étoit fi modefte , qu'il n'a jamais fçû ce qu'il valoit. Il avoit eu l'honneur de commander Monfieur de Turenne , qui avoit la politeffe de dire , que Monfieur * * * * lui avoit appris fon métier. Plus d'une perfonne en place ont dit bien des fois que c'étoit la honte de la France , qu'un homme de ce mérite-là n'ait pas été élevé aux premieres dignitez de la guerre.

Voilà , mon fils , vos modéles. Les vertus vous font montrées en un haut degré. Vous les avez toutes trouvées dans votre Pere. Je ne
parlerai

parlerai point de ſes talents
pour la guerre, cela ne me
convient point ; mais l'uſage
que le Roi en a fait, & les di-
vers emplois de confiance
qu'il lui a donnez, marquent
aſſez qu'il en étoit digne.

Le Roi a ſouvent dit que
c'étoit un de ſes meilleurs
Officiers, & ſur qui il comptoit davantage : mais de plus,
il avoit toutes les vertus de
ſocieté : il a ſçû joindre l'ambition à la moderation : il aſ-
piroit à la veritable gloire,
ſans trop penſer à ſa fortune.
Il fut long-tems oublié, &
ſouffrit une eſpece d'injuſtice.
Dans ce tems malheureux où
votre Pere étoit broüillé avec
la fortune, où tout autre ſe
ſeroit dégoûté, avec quel

B

courage ne souffrit-il pas ses
mauvais traitemens ? il voulut, en ne manquant à aucuns
de ses devoirs, mettre la fortune dans son tort ; il crût que
la véritable ambition consis-
toit bien plus à se rendre su-
perieur en mérite, qu'en dignité.

Il y a des vertus qui ne s'acquierent que dans la disgra-
ce ; nous ne sçavons ce que
nous sommes, qu'après l'a-
voir éprouvé. Les vertus de
la prosperité sont douces &
faciles ; celles de l'adversité
sont dures & difficiles, & demandent un homme tout en-
tier. Il sçût souffrir sans dé-
couragement, parce qu'il a-
voit en lui une infinité de re-
sources ; il crût que son de-

voir l'obligeoit à demeurer
dans sa profession, persuadé
que la lenteur des récompen-
ses ne nous autorise jamais à
quitter le service. Ses malheurs n'ébranlerent point
son courage ; il sçût joindre
la patience à la dignité ; aussi
sçavoit-il jouïr de la prosperité, sans enyvrement & sans
faste. Le changement de fortune n'en apportoit point à
son ame, & ne lui coûtoit
aucune vertu.

Quand il fut fait Gouver-
neur de Luxembourg, toute
la Province craignoit la do-
mination Françoise ; il dissi-
pa cette crainte, de maniere
quel'on ne sentit presque pas
le changement de maître. Il
avoit la main légere & ne

gouvernoit que par amour &
jamais par autorité : il ne fai-
foit point fentir la diftance
qu'il y avoit de lui aux autres.
Sa bonté abregeoit le chemin
qui le féparoit de fes inferieurs, ou il les élevoit jufqu'à
lui, ou il defcendoit jufqu'à
eux. Il n'emploioit fon credit,
que pour faire du bien. Il ne
pouvoit fouffrir qu'il y eût
des malheureux où il com-
mandoit ; il ne fongeoit qu'à
folliciter & à obtenir des pen-
fions pour les Officiers, des
gratifications pour les bleffez
& pour ceux qui s'étoient dif-
tinguez. Beaucoup de gens
lui doivent leur fortune.

L'amour propre gagna peu
dans l'avancement de votre
Pere ; ce qui fut le bien des

autres : auffi étoit-il l'amour
de ceux qui vivoient fous fon
gouvernement ; & quand il
mourut, s'ils l'avoient pû, ils
l'auroient racheté de leur
fang. Ses bonnes qualitez fi-
rent taire l'envie, & tout le
monde applaudiffoit dans
fon cœur aux graces du Roi.
Dans un tems fi corrompu,
il avoit des mœurs fi pures,
il penfoit d'une maniere bien
differente de la plûpart des
hommes.

Quelle fidelité à tenir fa
parole ! il la gardoit toûjours
à fes dépens. Quel défintereffement ! Il comptoit le bien
pour rien. Quelle indulgence
n'avoit-il pas pour les foibleffes de l'humanité ? Il excufoit
tout, & regardoit les fautes

comme des malheurs, & se
croïoit seul obligé d'être
honnête homme. Ses vertus
laissoient les autres à leur ai-
se. Il avoit de ces facilitez aimables, qui servent au commerce, & qui unissent les
hommes. Toutes ses vertus
étoient sûres, parce qu'elles
étoient naturelles. Le mérite
acquis est souvent incertain ;
pour lui, fidel à sa raison &
vertueux sans effort, il ne s'est
jamais démenti.

Voilà, mon fils, ce que
nous avons perdu. Tant de
mérite nous répondoit d'une
grande fortune : rien de plus
apparent que nos esperances
sous un Prince si juste. Votre
Pere ne vous a laissé qu'un
Nom & des exemples.   Le

nom, vous devez le porter
avec dignité, & vous devez
l'imitation à ſes vertus : voilà
ſurquoi vous avez à vous former : je ne vous en demande
pas davantage ; mais je ne
vous quitte pas à moins.

Vous avez plus d'avan-
ces que vos Peres, puiſqu'ils
peuvent vous guider : je dirai
ſans honte qu'ils ne vous ont
laiſſé aucune fortune ; on ne
rougit point de l'avoüer,
quand on a employé ſon bien
au ſervice de ſon Prince, &
qu'on a vêcu ſans injuſtice &
ſans baſſeſſe.

Il y a ſi peu de grandes fortunes innocentes, que je par-
donne à vos peres de ne vous
en avoir point laiſſé. J'ai fait
ce que j'ai pû pour mettre

quelqu'ordre à nos affaires ; où l'on ne laiſſe aux femmes que la gloire de l'œconomie. Je remplirai autant qu'il me ſera poſſible les obligations de mon état ; je vous laiſſerai autant de bien qu'il en faut, ſi vous avez le malheur d'être ſans merite, & aſſez, ſi vous avez les vertus que je vous deſire.

Comme je ne ſouhaite rien tant que de vous voir parfaitement honnête homme, voyons quels en ſont les devoirs, pour connoître nos obligations. Je m'inſtruis moi-même par ces reflexions, peut-être ferai-je aſſez heureuſe pour changer un jour mes préceptes en exemples.

Celle qui exhorte doit marcher

cher la premiere. Un Ambaſ-
ſadeur de Perſe demandoit
à la femme de Léonidas *pour-*
quoy à Lacedémone on honoroit
tant les femmes ; c'eſt qu'elles
ſeules ſçavent faire des hommes,
répondit-elle. Une Dame
Grecque montroit à la mere
de Phocion ſes pierreries, &
lui demandoit les ſiennes ; elle lui montra ſes enfans, &
lui dit *voilà ma parure & mes*
ornemens. J'eſpere bien, mon
fils, qu'un jour vous ferez
toute ma gloire : mais revenons aux devoirs des hom-
mes.

L'ordre des devoirs eſt de
ſçavoir vivre avec ſes ſuperieurs, ſes égaux, ſes inferieurs, & avec ſoi-même.
Avec ſes ſuperieurs, ſçavoir

plaire fans baffeffe ; montrer
de l'eftime & de l'amitié à fes
égaux ; ne point faire fentir le
poids de la fuperiorité à fes
inferieurs ; conferver de la
dignité avec foi-même.

Au-deffus de tous ces de-
voirs , eft le culte que vous
devez à l'Etre fuprême. La Religion eft un commerce établi entre Dieu & les hommes ,
par les graces de Dieu aux
hommes , & par le culte des
hommes à Dieu. Les ames
élevées ont pour Dieu des
fentimens & un culte à part
qui ne reffemble point à celui
du peuple ; tout part du cœur,
& va à Dieu. Les vertus mo-
rales font en danger fans les
chrétiennes. Je ne vous demande point une pieté rem-

plie de foiblesse & de super-
stition ; je demande seulement que l'amour de l'ordre
soumette à Dieu vos lumieres & vos sentimens , que le
même amour de l'ordre se
répande sur votre conduite ,
il vous donnera la justice , &
la justice assure toutes les vertus.

La plûpart des jeunes gens
croïent aujourd'hui se distin-
guer, en prenant un air de libertinage, qui les décrie auprès des personnes raisonnables ; c'est un air qui ne prou-
ve pas la superiorité de l'esprit, mais le déréglement du
cœur. On n'attaque point la
Religion , quand on n'a point
interêt de l'attaquer ; rien ne
rend plus heureux que d'a-

voir l'esprit persuadé & le cœur touché ; cela est bon pour tous les tems. Ceux mêmes qui ne sont pas assez heureux pour croire comme ils doivent, se soumettent à la Religion établie : ils sçavent que ce qui s'appelle préjugé tient un grand rang dans le monde, & qu'il faut le respecter.

Le libertinage de l'esprit & la licence des mœurs doivent être banis sous le regne où nous sommes.

Les mœurs du Souverain dominent : elles ordonnent ce qu'il fait, & défendent ce qu'il ne fait pas. Les défauts des Princes doublent & leurs vertus renaissent par imitation. Quand les courtisans

auroient le cœur corrompu, il
regne toûjours à la Cour une
honnêteté qui masque le vice. Nous sommes bienheu-
reux d'être nez dans un siécle, où la pureté des mœurs
& le respect de la Religion
sont nécessaires pour plaire
au Prince.

Je pourrois, mon fils, me
placer dans l'ordre des devoirs ; mais je veux tout tenir
de votre cœur. Faites attention à l'état où m'a laissé votre Pere, j'avois sacrifié tout
mon bien à sa fortune, je
perdis tout à sa mort. Je me
vis seule & sans appui ; je n'a-
vois d'amis que les siens, &
j'ai éprouvé que peu de gens
sçavent être amis des morts.
Je trouvai mes ennemis dans

ma propre famille ; j'avois à
foûtenir contre des perfonnes puiffantes un procès qui
décidoit de ma fortune ; je
n'avois pour moi que la juftice & mon courage ; je l'ai
gagné fans crédit & fans baffeffe. Enfin j'ai fait de ma
mauvaife fortune tout ce
qu'on en pouvoit faire ; dès
qu'elle a été meilleure, j'ai
fongé à la vôtre. Donnez-moi
dans votre amitié la même
part que je vous donnerai
dans ma petite fortune.

Je ne veux point de ref-
pect forcé ; je ne veux que
des foins du cœur. Que vos
fentimens viennent à moi ,
fans que vos interêts les ame-
nent. Enfin ayez foin de votre gloire & j'aurai foin du
refte.

Vous ſçavez vous condui-
re avec vos ſuperieurs. On n'a
que faire de préceptes pour
les devoirs qui regardent le
Prince. Vous êtes d'une race qui lui a tout ſacrifié. A
l'égard de ceux dont vous dé-
pendez , le premier mérite
eſt de plaire.

Dans les emplois ſubalternes vous ne vous ſoûtenez
que par les agrémens ; les
Maîtres ſont comme les Maî-
treſſes ; quelque ſervice que
vous leur ayez rendu , ils ceſ-
ſent de vous aimer , quand
vous ceſſez de leur plaire.

Il y a pluſieurs ſortes de
grandeurs & qui demandent
pluſieurs ſortes d'hommages.

Il y a des grandeurs réelles
& perſonnelles , & des gran-

deurs d'inſtitution. On doit
du reſpect aux perſonnes élevées en dignité ; mais ce n'eſt
qu'un reſpect extérieur : on
doit de l'eſtime & un reſpect
de ſentiment au mérite.
Quand de concert la Fortune
& la Vertu ont mis un homme en place, c'eſt un double
empire & qui exige une double ſoûmiſſion : mais il ne
faut pas que le brillant de la
grandeur vous ébloüiſſe &
vous jette dans l'illuſion.

Il y a des ames baſſes qui
ſont toûjours proſternées
devant la grandeur. Il faut
ſéparer l'homme de la dignité, & voir ce qu'il eſt quand
il en eſt dépouillé : il y a bien
une autre grandeur que celle
qui vient de l'autorité ; ce-

n'eſt ni la naiſſance , ni les richeſſes qui diſtinguent les hommes ; la ſuperiorité réelle & veritable entr'eux , c'eſt le mérite.

Le titre d'honnête homme eſt bien au-deſſus des titres de la fortune. Dans les places ſubalternes l'on eſt dépendant ; il faut faire ſa cour aux Miniſtres ; mais il la faut faire avec dignité. Je ne vous donnerai jamais des leçons de baſſeſſe, ce ſont vos ſervices qui doivent parler pour vous, & non pas des ſoûmiſſions déplacées.

Les perſonnes de mérite qui s'attachent aux Miniſtres les honorent : les eſclaves les aviliſſent ; rien n'eſt plus agréable que d'être ami des

personnes élevées ; mais vous
n'y parvénez que par l'envie
de plaire.

Que vos liaisons soient
avec des personnes au-dessus de vous ; par-là vous vous
accoûtumez au respect & à
la politesse. Avec ses égaux
on se néglige ; l'esprit s'assou-
pit.

Je ne sçai si l'on peut espe-
rer de trouver des amis à la
Cour. Pour les personnes é-
minentes en dignité , leur
place les dispense de bien des
devoirs , & couvre bien des
défauts. Il est bon d'appro-
cher les hommes, de les avoir
à découvert & avec leur mérite de tous les jours. De
loin, les Favoris de la fortune vous imposent : l'éloi-

gnement les met dans le
point de vûë qui leur eſt fa-
vorable : la Rénommée éxa-
gere leur mérite & la flaterie
les déïfie. Aprochez-les, vous
ne trouverez que des hom-
mes. Qu'on trouve de peu-
ple à la Cour : Pour ſe déſa-
buſer de la grandeur, il faut
la voir de près : vous ceſſerez
auſſi-tôt de la déſirer & de la
craindre.

Que les défauts des Grands
ne vous gâtent pas ; mais
qu'ils vous redreſſent. Que
le mauvais uſage qu'ils font
de leurs biens vous appren-
ne à mépriſer les richeſſes,
& à vous regler. La vertu ne
conduit point leur dépenſe.

Pourquoi dans ce nombre
infini de goûts inventez par

la volupté & par la moleſſe,
ne s'en eſt-on jamais fait un
de ſoulager les malheureux ?
L'humanité ne vous fait-elle
point ſentir le beſoin de ſe-
courir vos ſemblables ? Les
bons cœurs ſentent l'obligation de faire du bien, plus
qu'on ne ſent les autres beſoins de la vie. Marc-Aurele
remercioit les Dieux de ce
qu'il avoit toûjours fait du
bien à ſes amis, ſans les avoir
fait attendre. Le bonheur
de la grandeur, c'éſt lorſque
les autres trouvent leur fortune dans la nôtre ; *Je ne puis,*
diſoit ce Prince, *être touché*
d'un bonheur qui n'eſt que pour
moy.

Le plaiſir le plus délicat eſt
de faire le plaiſir d'autrui ;

mais pour cela, il ne faut pas
tant faire de cas des biens de
la fortune. Les richeſſes n'ont
jamais donné la vertu ; mais
la vertu a ſouvent donné les
richeſſes. Quel uſage auſſi la
plûpart des grands , font-ils
de leur gloire ? Ils la mettent
toute en marques exterieures & en faſte. Leur dignité
s'apeſantit & abaiſſe les autres ;
cependant la veritable Grandeur eſt humaine : elle ſe
laiſſe aprocher, elle deſcend
même juſqu'à vous : ceux
qui la poſſedent ſont à leur
aiſe & y mettent les autres.
Leur élevation ne leur coûte
aucune vertu , & la nobleſſe
de leurs ſentimens les y avoit
comme préparez & accoû-
tumez. Ils n'y ſont point é-

trangers , & n'y font fouffrir
perfonne.

Les titres & les dignitez
ne font pas les liens qui nous
uniffent aux hommes , ni qui
les attirent à nous. Si nous n'y
joignons le mérite & la bonté, on leur échape aifément ,
& on ne cherche qu'à fe dédommager d'un hommage
qu'on eft forcé de rendre à
leur place ; & en leur abfence
on fe donne la liberté de les
juger & de les condamner.
Mais fi par envie nous aimons à diminuer leurs bonnes qualités, il faut combattre ce fentiment, & leur rendre la juftice qu'ils méritent.
Nous croïons fouvent n'en
vouloir qu'aux hommes , &
nous en voulons aux places :

jamais ceux qui les ont occupées n'ont été au gré du monde, & on ne leur a rendu juſtice, que quand ils ont ceſſé d'y être. L'envie malgré elle rend hommage à la Grandeur, quoiqu'elle ſemble la mépriſer ; car c'eſt honorer les places que de les envier. Ne condamnons point par chagrin des ſituations agréables, qui n'ont que le défaut de nous manquer. Paſſons aux devoirs de la Societé.

Les hommes on trouvé qu'il étoit néceſſaire & agréable de s'unir pour le bien commun ; ils ont fait des Loix pour réprimer les méchans : ils ſont convenus entre eux des devoirs de la Societé, & ont attaché l'idée de

la gloire à la pratique de ces
devoirs. Le plus honnête
homme est celui qui les ob-
serve avec plus d'exactitude :
on les multiplie à mesure que
l'on a plus d'honneur & de
délicatesse.

Les vertus se tiennent , &
ont entr'elles une espece d'al-
liance ; & c'est l'union de toutes ces vertus qui fait les
hommes extraordinaires. A-
près avoir prescrit les devoirs
nécessaires à leur sûreté commune , ils ont cherché à rendre leur commerce agréable :
ils ont établi des régles de politesse & de sçavoir vivre aux
personnes bien nées.

On n'a point de préceptes
à donner contre certains défauts. Il y a des vices qui sont
                    inconnus

inconnus aux honnêtes gens.
La probité, la fidelité à tenir
sa parole, l'amour de la verité ; je crois n'avoir rien à vous
apprendre sur tout cela : Vous
sçavez, qu'un honnête homme ne connoît point le mensonge ; quelles loüanges ne
donne-t'on point à ceux qui
aiment la verité ? Celui-là,
dit-on, est semblable aux
Dieux, qui fait du bien & qui
dit la verité : mais s'il ne faut
pas toûjours dire ce que l'on
pense, il faut toûjours penser ce que l'on dit. Le veritable usage de la parole, c'est
de servir la verité. Quand un
homme a acquis la réputa-
tion de vrai, on jureroit sur
sa parole : elle a toute l'autorité des sermens : on a pour

ce qu'il dit un respect de religion.

Le faux dans les actions
n'est pas moins oppofé à l'a-
mour de la verité, que le
faux dans les paroles. Les
honnêtes gens ne font point
faux ; qu'ont-ils à cacher ? Ils
ne font pas même preffez
de fe montrer, fur ce que
tôt ou tard le vrai mérite fe
fait jour.

Souvenez-vous qu'on vous
pardonnera plûtôt vos dé-
fauts, que l'affectation à vous
parer des vertus que vous
n'avez pas. La fauffeté est
l'imitation du vrai ; l'homme
faux paye de mine & de difcours : l'homme vrai paye de
conduite. Il y a long-tems
qu'on dit, que l'Hipocrifie

est un hommage que le vice rend à la vertu : mais il ne suffit pas d'avoir les vertus principales pour plaire, il faut encore avoir les qualitez a-gréables & liantes.

Quand on aspire à se faire une grande réputation, on est toûjours dépendant de l'opi-nion des autres ; il est diffi-cile d'arriver aux honneurs par les services , si les ma-nieres & les amis ne les font valoir.

Je vous ai déja dit , que dans les emplois subalternes, on ne se soûtient que par sça-voir plaire : dès qu'on se né-glige l'on est d'un très-petit prix. Rien ne déplait tant que de montrer un amour pro-pre trop dominant , de faire sentir qu'on se préfere à tout, & qu'on se fait le centre de tout.

On peut beaucoup déplaire avec beaucoup d'esprit, lorsqu'on ne s'applique qu'à chercher les défauts d'autrui, & à les exposer au grand jour. Pour ces sortes de gens qui n'ont de l'esprit qu'aux dépens des autres, ils doivent souvent penser qu'il n'y a point de vie assez pure, pour avoir droit de censurer celle d'autrui.

La raillerie qui fait une partie des amusemens de la conversation, est difficile à manier. Les personnes qui ont besoin de médire, & qui aiment à railler ont une malignité secrette dans le cœur

dé la plus douce raillerie à
l'offenſe il n'y a qu'un pas à
faire : ſouvent le faux ami,
abuſant du droit de plaiſan-
ter, vous bleſſe ; mais la per-
ſonne que vous attaquez a
ſeule droit de juger ſi vous
plaiſantez : dès qu'on la bleſſe, elle n'eſt plus raillée, elle
eſt offenſée.

L'objet de la raillerie doit
tomber ſur des défauts ſi le-
gers, que la perſonne intereſ-
ſée en plaiſante elle-même.
La raillerie délicate eſt un
compoſé de loüange & de
blâme. Elle ne touche legerement ſur de petits défauts,
que pour mieux appuïer ſur
de grandes qualitez. M. de la
Rochefoucault, dit *que le*
Deshonorant offenſe moins que

le Ridicule ; je penserois comme lui, par la raison qu'il n'est
au pouvoir de personne d'en
déshonorer un autre ; c'est
notre propre conduite & non
les discours d'autrui qui nous
déshonorent : les causes du
déshonneur sont connuës &
certaines ; le ridicule est pu-
rement arbitraire. Il dépend
de la maniere que les objets
se présentent, de la maniere de penser & de sentir. Il y
a des gens qui mettent toûjours des lunettes du ridicule ; ce n'est pas la faute des
objets, c'est la faute de ceux
qui les regardent : cela est si
vrai, que telles personnes à
qui on donneroit du ridicule
dans certaines sociétez, seroient admirées dans d'au-

tres , où il y aura de l'esprit & du mérite.

C'est aussi par l'humeur qu'on plaît & qu'on déplait ; les humeurs sombres & chagrins , qui panchent vers la misantropie , déplaisent fort.

L'humeur est la disposition , avec laquelle l'ame reçoit l'impression des objets ; les humeurs douces ne sont blessées de rien , leur indulgence les sert & prête aux autres ce qui leur manque.

La plûpart des hommes s'imaginent qu'on ne peut travailler sur l'humeur ; ils disent : *Je suis né comme cela,* & croyent que cette excuse leur donne le droit de n'avoir aucune attention sur eux. De-

pareilles humeurs ont affuré-
ment le droit de déplaire : les
hommes ne vous doivent
qu'autant que vous leur plai-
fez. Les régles pour plaire ,
font de s'oublier foi-même ,
de ramener les autres à ce
qui les intereffe , de les rendre contens d'eux-mêmes , de
les faire valoir , & de leur
paffer les qualitez qui leur
font conteftées. Ils croyent
que vous leur donnez ce que
le monde ne leur accorde
pas : c'eft en quelque forte
créer leur mérite que de les
réhauffer dans l'idée d'autrui ;
mais il ne faut pas pouffer
cela jufqu'à l'Adulation.

Rien ne plaît tant que les
perfonnes fenfibles, qui cher-
chent à fe lier aux autres.

Faites

Faites en sorte que vos manieres offrent de l'amitié &
en demandent. Vous ne sçau-
riez être un homme aima-
ble , que vous ne sçachiez
être ami, que vous ne con-
noissiez l'amitié : c'est elle qui
corrige les vices de la societé.
Elle adoucit les humeurs fa-
rouches : elle rabaisse les glorieux & les remet à leur place. Tous les devoirs de l'honnêteté sont renfermez dans
les devoirs de la parfaite amitié.

Parmi le tumulte du mon-
de , ayez mon fils , quelque
ami sûr , qui fasse couler dans
votre ame les paroles de la
verité ; soyez docile aux avis
de vos amis. L'aveu des fautes ne coûte gueres à ceux

qui sentent en eux dequoi les
réparer : croyez donc n'avoir
jamais assez fait , dès que
vous sentez que vous pou-
vez mieux faire. Personne
ne souffre plus doucement
d'être repris , que celui qui
mérite le plus d'être loüé. Si
vous êtes assez heureux pour
avoir trouvé un ami ver-
tueux & fidéle , vous avez
trouvé un trésor : sa réputation garantira la vôtre : il ré-
pondra de vous à vous-mê-
me : il adoucira vos peines :
il doublera vos plaisirs. Mais
pour mériter un ami , il faut
sçavoir l'être.

Tout le monde se plaint
qu'il n'y a point d'amis , &
presque personne ne se met
en peine d'apporter les dif-

poſitions neceſſaires pour en faire, & pour les conſerver. Les jeunes gens ont des ſocietez : rarement ont-ils des amis : les plaiſirs les uniſſent, & les plaiſirs ne ſont pas des liens dignes de l'amitié ; mais je ne prétends pas faire une diſſertation : je touche légerement les devoirs de la vie civile. Je vous renvois à votre cœur, qui vous demandera un ami & qui vous en fera ſentir le beſoin. Je laiſſe à votre délicateſſe à vous inſtruire des devoirs de l'amitié.

Si vous voulez être parfaitement honnête homme, ſongez à régler votre amour propre & à lui donner un bon objet. L'honnêteté conſiſte à

se dépoüiller de ses droits &
à respecter ceux des autres.
Si vous voulez être heureux
tout seul, vous ne le serez jamais ; tout le monde vous
contestera votre bonheur ; si
vous voulez que tout le monde le soit avec vous , tout
vous aidera. Tous les vices
favorisent l'amour propre, &
toutes les vertus s'accordent
à le combatre : la valeur l'ex-
pose : la modestie l'abaisse ; la
genérosité le dépoüille : la
modération le mécontente :
& le zéle du bien public
l'immole,

L'amour propre est une
préference de soi aux autres,
& l'honnêteté est une préference des autres à soi. On dis-
tingue deux sortes d'amour

propre, l'un naturel, légiti-
me & réglé par la justice &
par la raison : l'autre vicieux
& corrompu. Notre premier
objet c'est nous-mêmes ; &
nous ne revenons à la justice,
que par la réflexion. Nous ne
sçavons pas nous aimer ; nous
nous aimons trop, ou nous
nous aimons mal. S'aimer
comme il faut, c'est aimer la
vertu : aimer le vice, c'est
s'aimer d'un amour aveugle
& mal entendu.

Nous avons vû quelques-
fois des personnes s'avancer
par de mauvaises voïes : mais
si le vice est élevé, ce n'est pas
pour long-tems : ils se détrui-
sent par les mêmes moyens
& avec les mêmes principes,
qui les ont établis. Si vous

voulez être heureux avec
sûreté, il faut l'être avec innocence. Il n'y a d'empire
certain & durable, que celui
de la Vertu.

Il y a d'aimables caracteres
qui ont une convenance naturelle & délicate avec la vertu : pour ceux à qui la nature n'a pas fait ces heureux
préfens, il n'y a qu'à avoir
de bons yeux & connoître
fes véritables interêts, pour
corriger un mauvais pen-
chant. Voilà comme l'efprit
redreffe le cœur.

L'amour de l'eftime eft auffi l'ame de la focieté; il nous
unit les uns aux autres : j'ai befoin de vôtre approbation,
vous avez befoin de la miene :
en s'éloignant des hommes,

on s'éloigne des vertus neceffaires à la societé ; car quand
on eft feul, on fe néglige : le
monde vous force à vous
obferver.

La politeffe eft la qualité la
plus néceffaire au commerce : c'eft l'art de mettre en
œuvre les manieres exte-
rieures, qui n'affurent rien
pour le fond. La politeffe eft
une imitation de l'honnêteté
& qui préfente l'homme au
dehors, tel qu'il devroit être
au dedans : elle fe montre en
tout, dans l'air, dans le lan-
gage & dans les actions.

Il y a la politeffe de l'efprit & la politeffe des manieres. Celle de l'efprit confifte
à dire des chofes fines & délicates : celle des manieres

à dire des choses flateuses,
& d'un tour agréable.

Je ne renferme pas seule-
ment la politesse dans ce commerce de civilitez & de com-
pliments, que l'usage a établi : on les dit sans sentiment :
on les reçoit sans reconnoif-
sance : on surfait dans ce gen-
re de commerce, & on en
rabat par l'experience.

La politesse est un désir de
plaire aux personnes avec qui
l'on est obligé de vivre, &
de faire ensorte que tout le
monde soit content de nous ;
nos Superieurs, de nos ref-
pects : nos égaux, de notre
estime : & nos inferieurs, de
notre bonté. Enfin elle consiste dans l'attention de plaire & de dire à chacun ce qu'il

lui convient. Elle fait valoir leurs bonnes qualitez :
elle leur fait sentir qu'elle
reconnoît leur superiorité :
quand vous sçaurez les élever, ils vous feront valoir à
leur tour ; ils vous donneront
sur les autres la place que
vous voulez bien leur ceder ;
c'est l'interêt de leur amour
propre.

Le moyen de plaire ce n'est
point de faire sentir la superiorité , c'est de la cacher.
C'est habileté que d'être poli :
on vous en quitte à meilleur
marché.

La plûpart du monde ne
demande que des manieres
qui plaisent ; mais quand
vous ne les avez pas , il faut
que vos bonnes qualitez dou-

blent. Il faut avoir bien du
mérite pour percer au travers
des manieres grossieres : il faut
aussi ne point laisser voir trop
d'attention sur vous même ;
une personne polie ne trouve jamais le tems de parler
de soi.

Vous sçavez quelle sorte de
politesse est nécessaire avec
les femmes. A présent il semble que les jeunes gens se
soient promis d'y manquer ;
cela sent l'éducation négligée.

Rien n'est plus honteux
que d'être grossier volon-
tairement ; mais ils ont beau
faire, ils n'ôteront point aux
femmes la gloire d'avoir for-
mé ce que nous avons eu de
plus honnête gens dans le
tems passé. C'est à elles qu'on

doit la douceur des mœurs,
la délicatesse des sentimens,
& cette fine galanterie de l'esprit & des manieres.

Il est vrai qu'à present la
galanterie exterieure est ban-
nie ; les manieres ont chan-
gé & tout le monde y a perdu ; les femmes, l'envie de
plaire, qui est la source de
leurs agrémens ; & les hommes, la douceur & certe délicate politesse, qui ne s'acquierent que dans leur commerce. La plûpart des hommes croyent ne leur devoir
ni probité, ni fidélité ; il semble qu'il soit permis de les
trahir, sans interesser sa gloire. Qui voudroit penetrer les
motifs d'une pareille conduite, les trouveroit bien hon-

teux. Ils font fidéles les uns
aux autres , parce qu'ils fe
craignent, parce qu'ils fçavent
fe faire rendre juftice : mais
ils manquent aux femmes
impunément & fans remords;
leur probité n'eft donc que
forcée ; elle eft plûtôt l'effet
de la crainte , que l'amour
de la juftice ; auffi en exami-
nant de près ceux qui fe font
un métier de la galanterie ,
on les trouve fouvent des
malhonnêtes gens; ils contra-
ctent de mauvaifes habitudes,
les mœurs fe gâtent, l'amour
de la verité s'affoiblit : on
s'accoûtume à négliger fa parole & fes fermens. Quel
métier ? ou ce que vous faites
de moins mal , c'eft d'arra-
cher les femmes à leur de-

voir, de deshonorer les unes, de defefperer les auttes, ou fouvent un malheur certain eft toute la récompenfe d'un attachement fincere & conftant.

Les hommes ne font pas en droit de tant blâmer les femmes ; c'eft par eux qu'elles perdent l'innocence, hors quelques femmes deftinées au vice dès leur naiffance. Les autres vivroient dans l'habitude de leurs devoirs, fi on ne prenoit pas foin de les en détourner ; mais enfin c'eft à elles à être en garde contre eux. Vous fçavez, qu'il n'eft jamais permis de les deshonorer ; fi elles ont eu la foibleffe de vous confier leur honneur, c'eft un dépôt,

dont on ne doit point abufer.
Vous le devez pour elles, fi
vous avez fujet de vous en
loüer : vous le devez pour
vous-même, fi vous avez fujet de vous en plaindre. Vous
fçavez de plus, que par les
loix de l'honneur il faut combattre à armes égales : vous
ne devez donc pas faire à une
femme un deshonneur de
fon amour, puifqu'elle ne
peut jamais vous faire un
deshonneur du yôtre.

Je dois donc encore vous
avertir qu'il ne faut pas atti-
rer leur haine : elle eft vive
& implacable : il y a des of-
fenfes qu'elles ne pardonnent
jamais, & on rifque beau-
coup plus qu'on ne penfe à
bleffer leur gloire ; moins

leur reſſentiment éclate, plus
il eſt terrible ; il s'irrite en le
retenant. N'ayez rien à dé-
mêler avec un ſexe qui ſçait
haïr & ſe vanger ; d'ailleurs
les femmes font la réputation
des hommes , comme les
hommes font celle des femmes.

C'eſt une choſe aſſez rare
que de ſçavoir manier la
loüange, & de la donner avec
agrément & avec juſtice. Le
Miſantrope ne ſçait pas loüer;
ſon diſcernement eſt gâté
par ſon humeur. L'Adula-
teur en loüant trop, ſe décré-
dite & n'honore perſonne. Le
glorieux ne donne des loüanges que pour en recevoir ; il
laiſſe trop voir qu'il n'a pas le
ſentiment qui fait loüer. Les

petits efprits eftiment tout,
parce qu'ils ne connoiffent
pas la valeur des chofes : ils
ne fçavent paffer, ni l'eftime,
ni le mépris. L'envieux ne
loüe perfonne, de peur de fe
faire des égaux. Un honnête
homme loüe à propos il a
plus de plaifir à rendre juftice,
qu'à augmenter fa réputa-
tion en diminuant celle des
autres : les perfonnes attenti-
ves & délicates fentent toutes ces differences. Si vous
voulez que la loüange foit utile, loüez par rapport aux autres & non par rapport à vous.

Il faut fçavoir vivre avec
fes concurrens ; rien de plus
ordinaire que de vouloir s'é-
lever au-deffus d'eux, ou de
chercher à les détruire : mais
il

il y a une conduite plus noble, c'est de ne les attaquer jamais, & de ne songer qu'à
les surpasser en mérite : il est
beau de leur céder la place
que vous croyez leur appar-
tenir.

L'honnête homme aime
mieux manquer à sa fortune,
qu'à la justice. Disputez de
gloire avec vous même, &
tâchez d'acquerir des vertus
qui réhaussent celles que
vous avez.

Il faut aussi être retenu sur
la vengeance ; il est souvent
utile de se faire craindre ; mais
presque toûjours dangereux
de se venger. Rien de plus foible que de faire tout le mal
qu'on peut faire. La meilleure
maniere de se venger d'une

injure, c'eft de n'imiter pas celui qui vous l'a faite. C'eft un
fpectacle digne des honnêtes
gens, que d'oppofer la patience à l'emportement : :
la modération à l'injuftice.
La haine outrée vous met
au-deffous de ceux qui vous
haïffent. Ne juftifiez point
vos ennemis ; ne faites rien
qui puiffe les abfoudre ; ils
nous font moins de tort que
nos défauts. Les petites ames
font cruelles ; les grands
hommes ont de la clémence.
Cefar difoit *que le plus doux*
fruit de fes victoires, c'étoit
de pouvoir donner la vie à ceux
qui auroient attenté à la fien-
ne. Rien de plus glorieux &
de plus délicat que cette forte de vengeance : c'eft la feule

que les honnêtes gens se per-
mettent. Dès que votre ennemi se répent & se soûmet,
vous perdez le droit de vous
vanger.

La plûpart des hommes ne
mettent dans le commerce
que les foiblesses, qui servent
à la societé. Les honnêtes
gens se lient par les vertus : le
commun des hommes , par
les plaisirs, & les scelerats , par
les crimes.

La Table & le Jeu ont
leurs excez & leurs dangers ;
l'amour a les siens ; on ne
se joüe pas toûjours avec
la beauté : elle commande
quelque fois imperieusement.
Rien de plus honteux , que
de perdre dans le vin la raison, qui doit être la guide de

l'homme. Se livrer à la volupté, c'eſt ſe dégrader. Le plus ſûr ſeroit donc de ne pas s'apprivoiſer avec elle ; il ſemble que l'ame du voluptueux lui ſoit à charge.

Pour le Jeu, c'eſt un renverſement de toutes les bienſéances : le Prince y oublie ſa dignité, & la femme ſa pudeur. Le gros Jeu renferme tous les défauts de la ſocieté. On ſe donne le mot à de certaines heures, pour ſe ruiner & pour ſe haïr ; c'eſt une grande épreuve pour la probité ; peu de gens l'ont conſervée pure dans le Jeu.

La plus néceſſaire diſpoſition pour goûter les plaiſirs, c'eſt de ſçavoir s'en paſſer. La volupté eſt étrangere aux

perſonnes raiſonnables. Songez qu'auprès des plus grands
plaiſirs, vous attend un chagrin pour les troubler, ou un
dépit pour les finir.

La ſageſſe ſe ſert de l'amour
de la gloire, pour ſe défendre des baſſeſſes où jette la
volupté. Mais il faut s'y prendre de bonne heure pour ſe
préſerver des paſſions ; dans
les commencemens elles
obéïſſent, & dans la ſuite elles commandent : elles ſont
plus aiſées à vaincre qu'à
contenter.

Défendez-vous de l'envie,
c'eſt la paſſion du monde la
plus baſſe & la plus honteuſe ;
elle eſt toûjours déſavoüée.
L'envie eſt l'ombre de la gloire, comme la gloire eſt l'om-

bre de la vertu. La plus grande marque qu'on eſt né avec
de grandes qualitez , c'eſt
dire , ſans envie.

Un homme de qualité ne
peut être aimable ſans la liberalité. L'avare a droit de
déplaire. Il a en lui un obſtacle
à toutes les vertus : il n'a ni
juſtice ni humanité. Dès qu'on
s'abandonne à l'avarice on
renonce à la gloire : on a dit
qu'il y avoit d'illuſtres ſcele-
rats , mais qu'il n'y avoit
pas d'illuſtres avares.

Quoique la liberalité ſoit un
don de la nature , cependant
ſi l'on avoit de la diſpoſition au vice oppoſé , avec
de l'eſprit & des reflexions on
pourroit s'en corriger.

L'avare ne joüit de rien.

L'on a dit que l'argent étoit un bon serviteur & un mauvais maître : il n'eſt bon que par l'uſage que l'on en ſçait faire.

L'Avare eſt plus tourmenté que le pauvre. L'amour des richeſſes eſt le commencement de tous les vices, comme le déſintereſſement eſt le principe de toute les vertus.

Il s'en faut beaucoup, que dans l'ordre des biens, les richeſſes méritent le premier rang ; quoiqu'elles ſoient le premier objet des déſirs de la plûpart des hommes : cependant la vertu, la gloire & la grande réputation ſont bien au-deſſus des préſens de la fortune.

Le plaiſir le plus touchant

pour les honnêtes gens, c'eſt
de faire du bien & de ſoulager les miſerables. Quelle
difference d'avoir un peu
plus d'argent, ou de le ſçavoir perdre, pour faire plaiſir, & de le changer contre
la réputation de bonté & de
géneroſité ? C'eſt un ſacrifice
que vous faites à vôtre gloire. Prenez le fond de votre
liberalité ſur vous même ,
c'eſt un excellent ménage qui
va à vous élever & à faire dire
du bien de vous.

C'eſt un grand tréſor qu'u-
ne grande reputation. Il ne
faut pas s'imaginer que ce
n'eſt que dans les grandes
fortunes qu'on peut faire du
bien ; tout le monde le peut
dans ſon état , avec de l'attention

tention fur foi & fur les autres : ayez ce fentiment dans
le cœur, vous trouverez de
quoi le fatisfaire : les occa-
fions n'aiffent fous vos yeux,
& il n'y a que trop de malheureux qui vous follicitent.

La liberalité fe caracterife
par la maniere de donner : le
liberal double le mérite du
préfent par le fentiment : l'A-
vare le gâte par le regret. La
liberalité n'a jamais ruinée
perfonne. Ce n'eft pas l'avarice qui éleve les maifons ;
elles fe foûtiennent par la
juftice, par la modération &
par la bonne foi. La liberalité eft un des devoirs d'une
grande naiffance. Quand
vous faites du bien, vous ne
faites que payer une dette ;

G

mais il faut que la prudence vous régle ; les principes de la prodigalité ne font pas honteux , mais les fuites en font dangereufes.

Peu de gens fçavent vivre avec leurs inferieurs. La grande opinion que nous avons de nous même , nous fait regarder ce qui eft au-deffous de nous comme une efpece à part ; que ces fentimens font contraires à l'humanité ! Si vous voulez vous faire un grand Nom , il faut être acceffible & affable ; la profeffion des armes n'en difpence point. Germanicus étoit adoré de fes foldats : pour fçavoir ce qu'ils penfoient de lui , le foir il fe promenoit dans le Camp , il écoûtoit ce qu'ils

difoient dans leurs petits re-
pas, où ils fe donnent la liberté de juger de leurGéneral ; *il*
allois (dit Tacite) *joüir de fa*
réputation & de fa gloire.

Il faut commander par
l'exemple & non pas par l'autorité ; l'admiration force à
l'imitation , bien plus que le
commandement : & vivre
dans la moleffe & traiter ru-
dement les foldats , c'eft être
leur Tyran , & non pas leur
Géneral.

Apprenez dans quelle vûë
on a inftitué le commandement , & de quelle maniere
on doit s'y conduire ; c'eft la
vertu , c'eft le refpect natutel
qu'on a pour elle , qui ont
fait confentir les hommes à
l'obéïffance. Vous êtes un

uſurpateur de l'autorité, dès
que vous ne la poſſedez pas
à ce prix. Dans un empire où
la raiſon ſeroit la maîtreſſe ,
tout ſeroit égal , & l'on ne
donneroit de diſtinction ,
qu'à la vertu.

L'humanité ſouffre de l'extrême difference que la fortune a miſe d'un homme à
un autre. C'eſt le mérite qui
doit vous ſéparer du peuple ,
& non la dignité , ni l'orgueil.
Ne regardez les avantages de
la naiſſance & des rangs , que
comme des biens que la fortune vous prête , & non comme des diſtinctions attachées
à votre être , & qui faſſe partie de vous même. Si votre
état vous éleve au-deſſus du
peuple , ſongez combien vous

tenez au commun des hom-
mes par vos foiblesses qui
vous mêlent avec eux ; que
la justice artête les mouve-
mens de votre orgüeil, qui
vous en sépare.

Sçachez que les premieres
Loix à qui vous devez obéïr,
sons celles de l'humanité :
songez que vous êtes hom-
me & que vous commandez
à des hommes. Le fils de
Marc-Aurel ayant perdu son
Précepteur, les Courtisans
trouvoient mauvais qu'il le
pleurât. Marc-Aurel leur dit :
souffrez que mon fils soit hom-
me, avant que d'être Empe-
reur.

Oubliez toûjours ce que
vous êtes, dès que l'humanité vous le demande : mais ne

l'oubliez jamais , quand la vraïe gloire veut que vous vous en souveniez. Enfin si vous avez de l'autorité, que ce soit uniquement pour le bonheur des autres. Approchez-les de vous, si vous êtes grand, au lieu de les abaisser : ne leur faites donc jamais sentir leur inferiorité , & vivez avec eux , comme vous voulez que vos superieurs vivent avec vous.

La plûpart des hommes ne sçavent pas vivre avec eux-mêmes : ils ne songent qu'à se séparer & à chercher leur bonheur au-dehors. Il faut s'il est possible établir votre félicité avec vous même, & trouver en vous l'équivalent des biens que la fortune vous refuse ; vous en serez plus libre : mais il faut que ce soit un principe de raison qui vous ranrene à vous & non pas un éloignement pour les hommes.

Vous aimez la solitude, on vous reproche d'être trop particulier, je ne condamne pas ce goût : mais il ne faut pas que les vertus de la societé en souffrent. *Retirez-vous-en vous-même*, dit Marc Antonin : pratiquez souvent cette retraite de l'ame, vous vous y renouvellerez. Ayez quelque maxime qui au besoin ranime votre raison & qui fortifie vos principes. La retraite vous met en commerce avec les bons Auteurs ; les habiles gens n'entassent

par les connoiſſances, mais
ils les choiſiſſent.

Faites que vos études cou-
lent dans vos mœurs & que
tout le profit de vos lectures
ſe tourne en vertu. Eſſayez
de penétrer les premiers principes des choſes & ne vous
laiſſez pas trop aſſervir aux
opinions du vulgaire.

Votre lecture ordinaire
doit être l'hiſtoire ; mais joi-
gnez-y la reflexion. Quand
vous ne penſerez qu'à remplir votre mémoire de faits,
à orner votre eſprit des pen-
ſées & des opinions des Auteurs, vous ne ferez qu'un
magaſin des idées d'autrui ;
un quart d'heure de réflexion
étend & forme plus l'eſprit
que beaucoup de lecture. Ce

n'eſt pas la privation des con-
noiſſances qui eſt à craindre
tant que l'erreur & les faux
jugemens.

La réflexion eſt le guide
qui conduit à la verité : ne
conſiderez les faits que comme des autoritez pour ap-
puïer la raiſon, ou comme
des ſujets pour l'exercer.

L'hiſtoire vous inſtruira de
votre métier : mais après en a-
voir tiré l'utilité qui convient
à votre profeſſion, il y a un
uſage moral à en faire bien
plus important pour vous.

La premiere ſcience de
l'homme, c'eſt l'homme.
Laiſſez aux Miniſtres la poli-
tique, & aux Princes, ce qui
appartient à la grandeur : mais
cherchez l'homme dans le

Prince : obfervez-le dans le train de la vie commune : voyez dans quel aviliſſement il tombe , quand il s'abandonne à ſa paſſion. Une conduite déreglée eſt toû-jours ſuivie d'évenemens malheureux.

Etudier l'hiſtoire , c'eſt é-tudier les paſſions & les opi-nions des hommes : c'eſt les approfondir : c'eſt démaſquer ſes actions , qui ont paru grandes, étant voilées & con-ſacrées par le ſuccès ; mais qui ſouvent deviennent mé-priſables , dès que le motif en eſt connu. Rien de plus équivoque que les actions des hommes. Il faut remon-ter aux principes ſi on veut les connoître. Il eſt neceſſai-

re de nous affûrer de l'efprit
de nos actions avant que de
nous applaudir.

Nous faifons peu de bien
& beaucoup de mal, & nous
avons encore trouvé le fecret
de gâter & de faire mal le peu
de bien que nous faifons.

Voyez les Princes dans
l'hiftoire & ailleuts, comme
des perfonnages de théatre?ils
ne vous intereffent que par
les qualitez qui nous font
communes avec eux : cela eft
fi vrai, que les hiftoriens
qui fe font attachez à pein-
dre les hommes plus que les
Rois & qui nous les mon-
trent dans leur domeftique,
plaifent bien davantage :
nous nous retrouvons en
eux : nous aimons à voir dans

les Grands nos foiblesses; cela nous console en quelque façon de notre bassesse, & nous éleve en quelque sorte, à leur hauteur. Enfin regardez l'histoire comme le témoin des tems & le tableau des mœurs, vous pourrez vous y reconnoître, sans que votre vanité en soit blessée.

Je vous exhorterai bien plus, mon fils, à travailler sur votre cœur, qu'à perfectionner votre esprit, ce doit être là l'étude de toute la vie. La vraie grandeur de l'homme est dans le cœur; il faut l'élever par aspirer à de grandes choses, & même oser s'en croire digne. Il est aussi honnête d'être glorieux avec foi-même, que ridicule de l'être avec les autres.

Aïez des pensées & des sentimens qui soient dignes de vous. La vertu rehausse l'état de l'homme ; & le vice le dégrade. Si l'on étoit assez malheureux pour n'avoir pas le cœur droit , il faudroit pour ses propres interêts le redresser ; l'on n'est estimable que par le cœur , & l'on n'est heureux que par lui ; puisque notre bonheur ne dépend que de la maniere de sentir. Si vos sentimens ne se portent qu'aux passions frivoles, vous ferez le joüet de leurs vains attachemens ; ils vous presentent des fleurs ; *mais défiez-vous* , dit Montagne, *de la trahison de vos plaisirs.*

Il ne faut que se prêter aux choses qui plaisent, dès qu'on s'y donne, on se prépare des regrets. La plûpart des hommes emploïent la premiere partie de leur vie à rendre l'autre miserable. Il ne faut pas aussi abandonner la raison dans vos plaisirs, si vous voulez la retrouver dans vos peines.

Enfin gardez bien votre cœur, il est la source de l'innocence & du bonheur. Ce n'est pas payer trop cher la liberté de l'esprit & du cœur, que de l'acheter par le sacrifice des plaisirs, comme l'a dit un homme de beaucoup d'esprit. N'esperez donc jamais pouvoir allier la volupté avec la gloire, le charme

de la molesse, avec la récom-
pense de la vertu ; mais en
abandonnant les plaisirs vous
trouverez d'ailleurs dequoi
vous dédommager ; il en est
de bien des sortes. La gloire
& la verité ont leurs délices ;
elles font la volupté de l'ame
& du cœur.

Apprenez aussi à vous craindre & à vous respecter. Le
fondement du bonheur est
dans la paix de l'ame & dans
le témoignage secret de la
conscience. Par le mot de
conscience, j'entends ce sentiment interieur d'un honneur délicat, qui vous assûre
que vous n'avez rien à vous
reprocher. Encore une fois,
qu'il est heureux de sçavoir
vivre avec soi-même, de vous

retrouver avec plaifir , de
vous quitter avec regret ! le
monde alors vous eft moins
neceffaire : mais prenez garde que cela ne vous rende
trop dégoûté. Il ne faut pas
faire fentir de l'éloignement
pour les hommes ; ils vous
échapent, dès que vous leurs
échapez ; vous en avez befoin, vous n'êtes ni d'un âge,
ni d'une profeffion à vous en
paffer : mais quand on fçait
vivre avec foi-même & avec
le monde, ce font deux plaifirs qui fe foutiennent.

Le fentiment de la gloire
peut beaucoup contribuer à
votre élevation & à votre
bonheur ; mais il peut auffi
vous rendre malheureux &
peu eftimable , fi vous ne
fçavez

sçavez pas le gouverner, c'est
le plus vif & le plus durable
de tous les goûts. L'amour
de la gloire est le dernier fentiment qui nous abandonne ;
mais il ne faut pas le confon-
dre avec la vanité. La vanité
cherche l'approbation d'autrui ; la vraie gloire, le témoignage fecret de la confcience. Cherchez à fatisfaire le fentiment de gloire qui
est en vous : affurez-vous de
ce témoignage interieur, votre Tribunal est en vous-même, pourquoi le chercher
ailleurs ? Vous pouvez toûjours être juge de ce que
vous valez. Qu'on vous dif-
pute vos bonnes qualitez, où
l'on ne vous connoît pas,
confolez - vous - en. Il est

A

moins queftion de paroître
honnête homme , que de
l'être : ceux qui ne fe foucient
pas de l'approbation d'autrui,
mais feulement de ce qui l'a
fait mériter , obtiennent l'un
& l'autre. Quel raport entre
la grandeur de l'homme & la
petiteffe des chofes , dont il
fe glorifie ? Rien de fi mal
afforti, que fa dignité & la
vanité qu'il tire d'une infinité de chofes frivoles ; une
gloire fi mal fondée marque
une grande difette de mérite.
Les perfonnes qui ont une
veritable grandeur ne font
pas fujettes aux éblouïffemens
de la vaine gloire.

Il faut, s'il eft poffible, mon
fils, être content de fon état :
rien de plus rare & de plus

eftimable que de trouver des
perfonnes qui en foient fatis-
faites, c'eft notre faute. Il n'y
a point de condition fi mauvaife qui n'ait un bon côté ;
chaque état a fon point de
vûë, il faut fçavoir s'y mettre ;
ce n'eft pas la faute des fitua-
tions, c'eft la nôtre. Nous
avons bien plus à nous plaindre de notre humeur, que
de la fortune. Nous impu-
tons aux évenemens les défauts qui ne viennent que de
notre chagrin, le mal eft en
nous, ne le cherchons pas
ailleurs. En adouciffant notre
humeur, fouvent nous chan-
geons notre fortune. Il nous
eft bien plus aifé de nous a-
jufter aux chofes, que d'ajuf-
ter les chofes à nous : fou-

vent l'application à chercher
le remede, irrite le mal, & l'i-
magination d'intelligence a-
vec la douleur, l'acroît & la
fortifie; l'attention aux malheurs les raproches, en les
tenant présents à l'ame. Une
resistance inutile retarde l'habitude qu'elle contracteroit
avec son état: Il faut céder
aux malheurs, renvoïez-
les à la patience; c'est à elle
seule à les adoucir.

Si vous voulez vous faire
justice, vous serez content
de votre situation. J'ose dire
qu'après la perte que nous a-
vons faite, si vous aviez eû
une autre Mere, vous seriez
encore plus à plaindre. Aïez
de l'attention aux biens de
votre état, & vous en senti-
rez moins les peines. Un

homme fage à condition é-
gale , a plus de biens & moins
de maux.

Il faut conter qu'il n'y a aucune condition qui n'ait fes
peines , c'eft l'état de la vie
humaine ; rien de pur ; tout
eft mêlé. C'eft vouloir s'af-
franchir de la Loi commune ,
que de prétendre un bon-
heur conftant : Les perfonnes qui vous paroiffent les
plus heureufes , fi vous aviez
compté avec leur fortune ,
ou avec leur cœur , ne vous
le paroîtroient gueres. Les
plus élevez font fouvent les
plus malheureux. Avec de
grands emplois & des maximes vulgaires , on eft toûjours agité ; c'eft la raifon qui
ôte les foucis de l'ame & non
pas les places : fi vous êtes fa-

ge, la fortune ne peut ni augmenter, ni diminuer votre
bonheur.

Jugez par vous-même &
non pas par l'opinion d'autrui. Les malheurs & les dére-
glemens, viennent des faux
jugemens; les faux jugemens
des sentimens, & les sentimens du commerce que l'on
a avec les hommes; vous en
revenez toûjours plus impar-
fait. Pour affoiblir l'impression qu'ils font sur vous, &
pour moderer vos desirs &
vos chagrins, songez que le
tems emporte & vos peines
& vos plaisirs; que chaque in-
stant, quelque jeune que vous
soïez, vous enleve une partie
de vous-même; que tou-
tes choses entrent continuel-
lement dans l'abîme du passé,

dont elles ne sortent jamais.

Tout ce qu'il y a de plus grand n'est pas mieux traité que vous : ces honneurs, ces dignitez, ces presséances établies parmi les hommes, font des spectacles & des cérémonies vuides de réalité : ne croïez pas que ce soient des qualitez attachées à leur être. Voilà comme vous devez regarder ceux qui sont au-dessus de vous ; mais ne perdons point de vûë un nombre infini de malheureux, qui sont au-dessous ; vous ne devez qu'au hazard la différence qu'il y a de vous à eux. Mais l'orgueil & la haute opinion que nous avons de nous-même, nous fait regarder comme un bien qui nous est dû, l'état où nous sommes ; & comme un vol, tout ce que nous n'avons pas : vous voïez bien que rien n'est plus injuste. Joüiffez, mon fils, des avantages de votre état, mais fouffrez-en doucement les peines. Songez que par tout où il y a des hommes il y a des malheureux. Aïez, s'il est poffible, une étenduë d'efprit qui vous faffe regarder les accidens comme prevûs & connus. Enfin fouvenez-vous que le bonheur dépend des mœurs & de la conduite ; mais que le comble de la felicité est de la chercher dans l'innocence ; on ne manque jamais de l'y trouver.

Fin.

AVIS

AVIS
D'UNE MERE
A
SA FILLE

ON a dans tous les tems négligé l'éducation des Filles; l'on n'a d'attention que pour les Hommes, & comme si les Femmes étoient une espece à part, on les abandonne à elles-mêmes sans secours, sans penser qu'elles composent la moitié du Monde:

I

qu'on eft uni à elles nécef-
fairement par les alliances ;
qu'elles font le bonheur ou
le malheur des hommes, qui
toûjours fentent le befoin de
les avoir raifonnables : que
c'eft par elles que les Maifons
s'élevent ou fe détruifent ;
que l'éducation des enfans
leur eft confiée dans la premiere jeuneffe, tems où les
impreffions fe font plus vives
& plus profondes. Que veut-
on qu'elles leur infpirent,
puifque dès l'enfance on les
abandonnent elles mêmes à
des gouvernantes, qui étant
prifes ordinairement dans le
peuple leur infpirent des
fentimens bas, qui réveillent
toutes les paffions timides ,
& qui mettent la fuperfti-

tion à la place de la Religion ? Il falloit bien plûtôt
penser à rendre hereditaires
certaines vertus, en les fai-
sant passer de la mere aux
enfans ; qu'à y conserver les
biens par des substitutions.
Rien n'est donc de si mal
entendu que l'éducation
qu'on donne aux jeunes personnes ; on les destine à plaire ; on ne leur donne des
leçons que pour les agré-
ments ; on fortifie leur amour
propre : on les livre à la
molesse, au Monde & aux
fausses opinions ; on ne leur
donne jamais de leçons de
vertu ni de force ; il y a une
injustice, ou plûtôt une fo-
lie à croire qu'une pareille
éducation ne tourne pas contre elles.

Il ne suffit pas , ma fille ;
pour êrre estimable , de
s'assujetir exterieurement aux
bienséances ; ce sont les sentimens qui forment le ca-
ractere : qui conduisent les-
prit : qui gouvernent la volon-
té : qui répondent de la réalité ,& de la durée de toutes nos
vertus ? quel sera le principe
de ces sentimens ? la Religion, quand elle sera gravée
dans notre cœur ; alors toutes les vertus couleront de
cette source ; tous les devoirs
se rangeront chacun dans
leur ordre. Ce n'est pas assez
pour la conduite des jeunes
personnes, que de les obliger
à faire leur devoir ; il faut le
leur faire aimer ; l'autorité est
le tirant de l'exterieur , qui

n'affujetit point le dedans. Quand on prefcrit une conduite, il faut en montrer les raifons & les motifs, & donner du goût pour ce que l'on confeille.

Nous avons tant d'interêt à pratiquer la vertu, que nous ne devons jamais la regardèr comme notre ennemie, mais comme la fource du bonheur, de la gloire & de la paix.

Vous arrivez dans le monde, venez-y, ma fille, avec des principes ; vous ne fçauriez trop vous fortifier contre ce qui vous attend ; apportez-y toute votre Religion : nourriffez-la dans votre cœur par des fentimens : foutenez-la dans votre efprit

par des reflexions & par des
lectures convenables.

Rien n'est plus heureux &
plus nécessaire que de conferver un fentiment qui nous
fait aimer & efperer : qui
nous donne un avenir agréable : qui accorde tous les
tems : qui affure tous les devoirs : qui répond de nous à
nous mêmes „ & qui eft notre garant envers les autres.
De quel fecours la Religion
ne vous fera-t-elle pas contre
les difgraces qui vous mena-
cent ; car un certain nombre
de malheurs vous eft deftiné.
Un ancien difoit „ *qu'il s'en-
velopoit du manteau de fa
vertu* ; envelopez-vous de celui de votre Religion ; elle
vous fera d'un grand fecours

contre les foiblesses de la jeu-
nesse, & un azile assuré dans
un âge plus avancé.

Les femmes qui n'ont
nourry leur esprit que des
maximes du siécle, tombent
dans un grand vuide ; en a-
vançant dans l'âge, le monde
les quitte ; & leur raison leur
ordonne aussi de le quitter,
à quoi se prendre ? le passé
nous fournit des regrets ; le
present des chagrins, & l'a-
venir des craintes. La Religion seule calme tout, &
console de tout ; en vous
unissant à Dieu, elle vous re-
concilie avec le Monde &
avec vous même.

Une jeune personne qui entre dans le monde à une haute idée du bonheur qu'il lui

prépare : elle cherche à la
remplir ; c'eſt la ſource de ſes
inquiétudes : elle court après
ſon idée : elle eſpere un bonheur parfait ; c'eſt ce qui fait
la legereté & l'inconſtance.

Les plaiſirs du monde ſont
trompeurs : ils prometent plus
qu'ils ne donnent : ils nous
inquiettent dans leur recher-
che : ne nous ſatisfont point
dans leur poſſeſſion , & nous
déſeſperent dans leur perte.

Pour fixer vos deſirs, penſez que vous ne trouverez
point hors de vous de bonheur ſolide ni durable. Les
honneurs & les richeſſes ne
ſe font point ſentir long-tems ;
leur poſſeſſion donne de
nouveaux deſirs ; l'habitude
aux plaiſirs les fait diſparoître.

Avant que de les avoir goû-
tez, vous pouvez vous en
paſſer ; au lieu que la poſſeſſion vous a rendu néceſſaire
ce qui étoit ſuperflu : vous
êtes plus mal à votre aiſe
que vous n'êtiez devant : en
les poſſedant, vous vous y
accoûtumez, & en les per-
dant, ils vous laiſſent du
vuide & du beſoin. Ce qui
ce fait ſentir c'eſt le paſſage
d'un état à un autre : c'eſt
l'intervale d'un tems malheureux à un tems heureux.
Dès que l'habitude eſt for-
mée, le ſentiment du plaiſir
s'évanouït. On y gagneroit, ſi
on pouvoit tout d'un coup
tirer de ſa raiſon, tout ce qu'il
faut pour ſon bonheur ; l'experience nous renvoye à

nous-mê11ic ; épargnez-vous
ce qu'elle coûte, & dites
vous de bonne heure d'une
maniere ferme, & qui vous
fixe : *la vraye felicité est dans
la paix de l'ame ; dans la raison, dans l'accomplissement de
nos devoirs.* Ne nous croyons
heureuses, ma fille, que lorsque nous sentirons nos plaisirs naître du fond de notre
ame.

Ces reflexions sont trop
fortes pour une jeune personne, & regardent un âge
plus avancé ; cependant je
vous en crois capable ; mais
de plus c'est moi qui m'ins-
truis ; nous ne pouvons gra-
ver trop profondement en
nous des préceptes de sageffe ; la trace qu'ils font est tou-

jours légere ; mais il faut convenir que ceux qui s'occupent de réflexions , & qui se
rempliſſent le cœur de principes ſont plus près de la vertu , que ceux qui les rejet-
tent. Si nous ſommes aſſez
malheureuſes pour manquer
à notre devoir , au moins
faut-il l'aimer ; faiſons nous
donc , ma fille , de ces precep-
tes un aide continuel pour
la vertu.

Il y a , dit-on , deux préjugez
auſquels il faut obéïr : la religion & l'honneur. C'eſt mal
parler que de traitter la religion de préjugé : le préjugé eſt
une opinion qui peut ſervir à
l'erreur comme à la verité ; ce
terme ne doit s'appliquer
qu'aux choſes incertaines ; &

la religion ne l'eſt pas.

Quoique l'honneur ſoit l'ouvrage des hommes ; rien n'eſt plus réel que les maux que ſouffrent ceux qui ont voulu s'y dérober ; il ſeroit dangereux de ſe révolter, il faut même travailler à fortifier ce ſentiment, puiſqu'il doit regler votre vie, & que rien n'eſt plus contraire au repos, & ne nous donne une conduite plus incertaine, que de penſer d'une façon, & d'agir d'une autre. Donnez-vous autant que vous pourrez les ſentimens de la conduite qu'il faut garder ; fortifiéz donc ce préjugé de l'honneur, & que votre délicateſſe le porte juſques au ſcrupule.

Ne vous relâchez point
fur ces principes : ne regardez
pas la vertu des femmes comme une vertu ordonée par l'u-
fage : ne vous accoûtumez pas
à croire qu'il fuffit de fe dérober aux yeux du Monde,
pour payer le tribut que
vous devez à vos obligations.
Vous avez deux tribunaux
inévitables, devant lefquels
vous devez paffer : la Confcience & le Monde : vous
pouvez échaper au Monde;
mais vous n'échappérez pas à
la Confcience. Vous vous devez à vous-même le témoi-
gnage que vous êtes une honnête perfonne ; il ne faut pourtant pas abandonner l'approbation publique, parce que
du mépris de la réputation,

naît le mépris de la vertu.

Quand vous aurez quelque usage du Monde, vous connoîtrez qu'il n'est pas nécessaire d'être menacé par ses Loix, pour vous contenir dans votre devoir ; l'exemple de celles qui se sont relâchées, les malheurs qui les ont suivis de si près suffiroient pour arrêter le penchant le plus rapide ; car il n'y a pas une femme galante qui, si elle veut être sincere, ne vous avouë que c'est le plus grand malheur du monde, que de s'être oubliée.

La Honte est un sentiment dont on peut tirer de grands avantages en la ménageant bien ; je ne parle point de la mauvaise honte qui ne fait que troubler notre repos , sans tourner au profit de nos mœurs ; je veux dire celle qui nous détourne du mal par la crainte du deshonneur ; il faut l'avoüer, cette honte est quelque fois le plus fidéle gardien de la vertu des femmes : trèspeu sont vertueuses pour la vertu même.

Il y a des grandes vertus, qui portées à un certain dégré, font pardonner bien des deffauts. La suprême valeur dans les hommes, & l'extrême pudeur dans les femmes. On pardonnoit tout à Agrippine femme de Germanicus en faveur de sa chasteté ; cette Princesse étoit ambitieuse & hautaine ; mais, dit Tacite, toutes ses passions étoient con-

sacrées par sa chasteté.

Si vous êtes sensible & délicate sur la réputation. Si
vous craignez d'être attaquée
sur les vertus essentielles , il
y a un moyen sûr pour calmer vos craintes , & pour contenter votre délicatesse ; c'est
d'être vertueuse. Ne songez
qu'à épurer vos sentimens :
qu'ils soient raisonnables &
pleins d'honneur : songez à
être contente de vous-mê-
mes ; c'est un revenu de plaisirs certains , & vous aurez
encore la loüange & la bonne réputation : de plus, ayez
de vraies vertus , vous trouverez assez d'approbateurs.

Les vertus d'éclat ne font
point le partage des femmes ;
mais bien les vertus simples

&

& paisibles. La renommée ne
se charge point de nous. Un
ancien dit, *que les grandes ver-*
tus sont pour les hommes ; il ne
donne aux femmes que le
seul mérite d'être inconnuës,
& ce ne sont pas celles, dit-il,
qu'on louë le plus qui sont les
mieux loüées ; mais celles dont
on ne parle point. La pensée
me paroît fausse ; mais pour
réduire cette maxime en conduite, je crois qu'il faut éviter le monde & l'éclat, qui
prennent toûjours sur la pudeur, & se contenter d'être
à soi-même, son propre spectateur.

Les vertus des femmes sont
difficiles, parce que la gloire
n'aide pas à les pratiquer. Vivre chez soi : ne regler que

K

foi & sa famille ; être simple,
jufte, & modefte ; vertus pe-
nibles, parce qu'elles font
obfcures. Il faut avoir bien
du mérite pour fuïr l'éclat,
& bien du courage pour confentir à n'être vertueufes qu'à
fes propres yeux. La grandeur & la réputation font des
foutiens à notre foibleffe :
s'en eft une que de vouloir
fe diftinguer & s'élever. L'a-
me fe propofe dans l'approbation publique, & la vraie gloire confifte à s'en paffer. Qu'elle n'entre donc pas dans les
motifs de vos actions : c'eft
bien affez qu'elle en foit la
récompenfe.

Il faut, ma fille, être per-
fuadée que la perfection &
le bonheur fe tiennent : que

vous ne ferez heureufe que
par la vertu, & prefque jamais
malheureufe que par le déreglement. Que chacun s'exa-
mine à la rigueur, il trouve-
ra qu'il n'a jamais eu de douleur vive, qu'il n'y ait donné
lieu par quelque deffaut, ou
par le manque de quelque
vertu. Le chagrin fuit toûjours la perte de l'innocence :
mais il y a à la fuite de la vertu un fentiment de douceur
qui paye comptant ceux qui
lui font fideles.

Ne croyez pourtant pas
que vôtre feule vertu foit
la Pudeur ? il y a bien des
femmes qui n'en connoiffent
point d'autre, & qui fe per-
fuadent qu'elles les acquit-
tent de tous les devoirs de

la focieté : elles fe croyent en
droit de manquer à tout le
refte, & d'être impunément
orgueilleufes & médifantes.
Anne de Bretagne, Princef-
fe imperieufe & fuperbe, fai-
foit fouffrir Loüis XII. & ce
bon Prince difoit fouvent en
lui cedant : *il faut bien payer
la chafteté des femmes.* Ne faites point payer la votre ; fongez au contraire, que c'eft
une vertu qui ne regarde que
vous, & qui perd fon plus
grand luftre fi les autres ne
l'accompagnent.

Il faut avoir une pudeur
tendre ; le defordre interieur
paffe du cœur à la bouche,
& c'eft ce qui fait les difcours
déreglez. Les paffions mêmes
les plus vives ont befoin de

la pudeur pour se montrer
sous une forme séduisante ;
elle doit se répandre sur toutes vos actions : elle doit parer & embellir toute votre
personne.

On dit que Jupiter en for-
mant les passions, leur donna
à chacune sa demeure ; la pudeur fut oubliée, & quand
elle se presenta, on ne sçavoit plus où la placer ; on lui
permit de se mêler avec toutes les autres. Depuis ce tems-
là, elle en est inséparable :
elle est amie de la verité, &
trahit le mensonge qui ose
l'attaquer : elle est liée & unie
particulierement avec l'a-
mour : elle l'accompagne toûjours, & souvent elle l'anon-
ce & le décelle ; enfin l'Amour

perd ses charmes, dès qu'il
est sans elle ; c'est un grand
lustre à une jeune personne
que la Pudeur.

Que votre premiere parure
soit donc la modestie : elle a
de grands avantages : elle
augmente la beauté, & sert
de voile à la laideur : la modestie est le supplément de la
beauté. Le grand malheur de
la laideur, c'est qu'elle éteint,
& qu'elle ensevelit le mérite
de femmes : on ne va point
chercher dans une figure dif-
graciée les qualitez de l'esprit
& du cœur : c'est une grande
affaire, quand il faut que le
mérite se fasse jour au travers d'un extérieur désagréa-
ble.

Vous n'êtes pas née sans

agrémens , mais vous n'êtes pas une beauté ; cela vous oblige à faire provifion du mérite ; on ne vous fera grace fur rien. La beauté a de grands avantages. Un ancien dit , *que c'eft une courte tyran-nie , & le premier privilege de la nature ; que les belles perfon-nes portent fur leur front des lettres de recommandation.* La beauté infpire un fentiment de douceur qui prévient. Si vous n'avez point ces avan-ces on vous jugera à la ri-gueur. Qu'il n'y ait donc rien dans votre air , ni dans vos manieres, qui faffe fentir que vous vous ignorez ; l'air de confiance révolte dans une figure médiocre. Que rien ne fente l'art ni dans vos dif-

cours, ni dans vos ajuste-
mens, ou qu'il soit diffici-
lement aperçû : l'art le plus
délicat ne se fait point sentir.

Il ne faut pas négliger les
talens ni les agrémens, puisque les femmes sont desti-
nées à plaire ; mais il faut
bien plus penser à se donner
un mérite solide, qu'à s'occuper de choses frivoles.
Rien n'est plus court que le
regne de la beauté : rien n'est
plus triste que la suite de la
vie des femmes qui n'ont sçû
qu'êtres belles. Si l'on a com-
mencé à s'attacher à vous par
les agrémens, ramenez tout
à l'amitié, & faites qu'on y
demeure par le mérite.

Il est difficile de donner

des

des regles certaines pour plaire. Les graces sans mérite ne
plaisent pas long-tems ; & le
mérite sans graces peut se
faire estimer sans toucher. Il
faut donc que les femmes
ayent un mérite aimable, &
qu'elles joignent les graces
aux vertus. Je ne borne pas
simplement le mérite des
femmes à la pudeur ; je lui
donne plus d'étenduë. Une
honnête femme a les vertus
des hommes, l'amitié, la
probité, la fidelité à ses de_
voirs : Une femme aimable
doit avoir non seulement les
graces exterieures ; mais les
graces du cœur & des sentimens. Rien n'est si difficile
que de plaire sans une atten_
tion qui semble tenir à la Co_

queterie : C'eſt plus par leurs
défauts , que par leurs bonnes qualitez , que les femmes
plaiſent aux gens du monde.
Ils veulent profiter des foi-
bleſſes des perſonnes aimables ; ils ne feroient rien de
leurs vertus ; ils n'aiment
point à eſtimer , ils aiment
mieux être amuſez par des
perſonnes peu eſtimables ,
que d'être forcez d'admirer
des perſonnes vertueuſes.

Il faut connoître le cœur
humain quand on veut plaire ; les hommes ſont bien
plus touchez du nouveau ,
que de l'excellent ; mais cette
fleur de nouveauté dure peu :
ce qui plaiſoit comme nouveau, déplaît bientôt comme
commun. Pour occuper ce

goût pour la nouveauté , il
faut avoir en soi bien des ref-
fources , & des fortes de mérites ; il ne faut pas fe fixer
aux feuls agrémens ; il faut
prefenter à l'efprit une varie-
té de graces & de mérites ,
pour foûtenir les fentimens ,
& faire joüir dans le même
objet de tous les plaifirs de
l'inconftance.

Les filles naiffent avec un
defir violent de plaire ; comme elles trouvent fermez les
chemins qui conduifent à la
gloire & à l'autorité , elles
prennent une autre route
pour y arriver , & fe dédommager par les agrémens. La
beauté trompe la perfonne
qui la poffede : elle enyvre
l'ame ; cependant faites atten-

tion qu'il n'y a qu'un fort petit nombre d'années de differen-ce entre une belle femme , & une qui ne l'eſt plus. Surmon-tez cette envie exceſſive de plaire, du moins ne la mon-trez pas. Il faut mettre des bornes aux ajuſtemens, & ne s'en pas occuper, les verita-bles graces ne dépendent pas d'une parure trop recherchée; il faut ſatisfaire à la mode comme à une ſervitude fâ-cheuſe, & ne lui donner que ce qu'on ne peut lui refuſer. La mode ſeroit raiſonnable , ſi elle pouvoit ſe fixer à la perfection, à la commodité, & à la bonne grace : mais changer toûjours, c'eſt incon-ſtance, plûtôt que politeſſe & bon goût.

Le bon goût rejette la délicatesse excessive : il traite les petites choses, de petites, & n'en est point occupé. La propreté est un agrément & tient son rang dans l'ordre des choses gracieuses ; mais elle devient petitesse dès qu'elle est outrée : il est d'un meilleur esprit de se négliger sur les choses peu importantes, que de s'y rendre trop délicate.

Les jeunes personnes sont sujettes à s'ennuyer ; comme elles ignorent tout, elles courent avec inquiétude vers les objets sensibles ; l'ennui est pourtant le moindre des maux qu'elles ayent à craindre ; les joïes excessives ne font point à la suite des vertus. Tout ce qui s'appelle plaifir vif, eft danger. Quand on feroit affez retenuë pour ne point bleffer les bienféances, & pour demeurer dans les bornes prefcrites à la pudeur, dès que le plaifir du cœur s'eft fait fentir, il répand dans l'ame je ne fçai qu'elle douceur, qui donne du dégoût pour tout ce qui s'appelle vertu: il vous arrête & vous rallentit fur vos devoirs; une jeune perfonne ne voit pas les fuites de ce poifon, dont le moindre effet eft de troubler le repos de la vie, de gâter le goût, & de rendre infipides tous les plaifirs fimples. Quand on établit une perfonne affez heureufe pour n'avoir pas le cœur touché, (comme il y a en nous un sentiment qui cherche à s'unir, & que ce sentiment n'a point été employé,) elle se porte & se donne naturellement à la parsonne qu'on lui deftine.

Soyez retenuë fur les spectacles. Il n'y a point de dignité à se montrer toûjours; il eft de plus difficile que l'exacte pudeur se conferve avec l'extrême diffipation : ce n'eft pas connoître fes interefts. Si vous avez de la beauté, il ne faut pas user le goût du public en vous montrant toûjours; il faut encore être plus retenuë, fi vous êtes fans graces ; d'ailleurs le grand ufage des fpectacles affoiblit le goût.

Quand vous ne vivez que pour les plaisirs & qu'ils vous quittent, ou parce que votre goût cesse, ou parce que votre raison vous les défend, l'Ame tombe dans un grand vuide. Si vous voulez donc faire durer vos plaisirs & vos amusemens, ne les faites servir que de délassemens à des occupations plus sérieuses. Soyez en societé avec votre raison, & que l'absence des plaisirs ne vous laisse ni vuide ni besoin.

Il faut donc ménager ses goûts ; nous ne tenons à la vie que par eux : c'est l'innocence qui les conserve : c'est le déréglement qui les corrompt.

Quand nous avons le cœur

fain nous tirons parti de tout,
& tout fe tourne en plaifirs.
Nous approchons des plai-
firs avec un goût de malade ;
fouvent nous croyons être
délicats que nous ne fommes
que dégoûtez ; quand on ne
s'eft pas gâté l'efprit , & le
cœur par les fentimens qui
féduifent l'imagination , ni
par aucune paffion ardente ,
la joie fe trouve aifément ;
la fanté & l'innocence en
font les vraïes fources. Mais
dès qu'on a eu le malheur de
s'accoûtumer aux plaifirs vifs,
on devient infenfible aux plaifirs moderez. On fe gâte le
goût par les divertiffemens ;
on s'accoûtume tellement
aux plaifirs ardens, qu'on ne
peut fe rabattre fur les fimples.

Il faut craindre ces grands
ébranlemens de l'ame qui
préparent l'ennui & le dégoût ; ils sont plus à redouter
pour les jeunes personnes qui
résistent moins à ce qu'elles
sentent. *La tempérance* ,disoit
un ancien , *est la meilleure ou-*
vriere de la volupté ; avec cet-
té temperance qui fait la san-
te de l'ame & du corps , on
a toûjours une joye douce &
égale ; on n'a besoin ni de spectacles ni de dépenses ; une
lecture , un ouvrage , une
conversation , font sentir une
joye plus pure que l'appareil
des plus grands plaisirs. Enfin les plaisirs innocens sont
d'un meilleur usage , ils sont
toûjours prêts : ils sont bien-
faisans , ils ne se font point

acheter trop chers. Les autres flattent, mais ils nuisent ;
le temperamment de l'ame
s'altere & se gâte comme
celui du corps.

Mettez de la regle dans
toutes vos vûës & dans toutes vos actions : il seroit heureux de n'avoir jamais à
compter avec sa fortune ;
mais comme la votre est bor-
née, elle vous assujettit à la
regle ; soyez retenuë sur la
dépense ; si vous n'y appor-
tez de la modération , vous
verrez bien-tôt le désordre
dans vos affaires ; dês que
vous n'avez plus d'œcono-
mie , vous ne pouvez répondre de rien.

Le faste entraîne la ruïne ;
la ruïne est presque toûjours

ſuivie de la corruption des
mœurs ; mais pour être reglée, il ne faut pas être avare : Songez que l'avarice pro-
fite peu, & déshonore beaucoup. On ne doit chercher
dans une conduite reglée
qu'à éviter la honte & l'injuſtice attachée à une conduite déreglée : Il ne faut re-
trancher les dépenſes ſuper-
fluës, que pour être en état de
faire mieux celles que la bien-
ſéance, l'amitié, & la charité
inſpirent.

C'eſt le bon ordre, & non
l'attention aux petites choſes, qui fait les grands pro-
fits. Pline en renvoyant à ſon
ami une obligation conſide-
rable qu'il avoit de ſon pere,
avec une quittance generale,

lui dit : *J'ai peu de bien, je suis obligé à beaucoup de dépense ; mais je me suis fait un fond de ma frugalité, & c'est d'où je tire les services que je rends à mes amis.* Prenez sur vos goûts & sur vos plaisirs, pour avoir de quoi satisfaire aux sentimens de generosité, que toute personne qui a le cœur bien fait doit avoir.

N'écoutez pas les besoins de la vanité. *Il faut être,* dit-on, *comme les autres ;* ce *comme* s'étend bien loin. Ayez une émulation plus noble : ne souffrez pas que personne ait plus d'honneur, de probité & de droiture que vous. Sentez le besoin de la vertu : la pauvreté de l'ame est pire que celle de la fortune.

Pendant que vous êtes jeune, formez vôtre réputation : augmentez votre crédit : arrangez vos affaires ; dans un autre âge vous auriez plus de peine. Charles-Quint disoit, que *la fortune aimois les jeunes gens.* Dans la jeuneſſe tout vous aide, tout s'offre à vous. Les jeunes perſonnes dominent ſans y penſer ; dans un âge plus avancé, vous n'êtes ſecouruë de rien : vous n'avez plus en vous ce charme ſéduiſant qui ſe répand ſur tout : Vous n'avez plus pour vous que la raiſon & la vérité, qui ordinairement ne gouverne pas le monde.

Vous allez, diſoit Montagne aux jeunes gens, *vers la réputation, vers le crédit,* &

moi j'en reviens. Quand vous
n'êtes plus jeune , il ne vous
reste d'acquisition à faire que
sur les vertus. Dans toutes
vos entreprises , & dans toutes vos actions , tendez au
plus parfait : ne faites aucun
projet : ne commencez rien
sans vous dire à vous-même :
Ne pourrois - je pas mieux
faire ? Insensiblement vous
acquererez une habitude de
justice & de vertu , qui vous
en rend la pratique plus aisée : Faites ce que Sénéque
conseilloit à son ami Lucile :
Choisissez , lui disoit-il *, par-*
mi les grands hommes celui qui
vous peroîtra le plus respecta-
ble : ne faites rien qu'en sa pré-
sence : rendez - lui compte de
toutes vos actions. Heureux ce-

lui qui est assez estimé pour être choisi ! Cela est d'autant plus aisé, que les jeunes gens ont une disposition naturelle à l'imitation. On hazarde moins quand on choisit ses modéles dans l'Antiquité, parce qu'ordinairement on ne vous y presente que de grands exemples. Dans les Modernes cela peut avoir ses inconveniens ; rarement les copies réüssissent : il y a long-tems que l'on a dit que toute copie doit trembler devant son original ; on ne le suit jamais que de loin : cela vous ôte le caractére naturel, qui d'ordinaire est le plus vrai & le plus simple. Vous vous relâchez quand vous vous fixez à un modéle ;

modéle ; de plus une partie
de nos défauts vient de l'imitation. Apprenez donc à
vous craindre & à vous ref-
pecter vous-même : Que votre délicateſſe ſoit votre propre Cenſeur.

Songez à vous rendre heu-
reuſe dans votre état ; mettez vous à profit, mille biens
vous échapent faute d'ap-
plication : Nous ne ſommes
heureux que par l'attention
& que par comparaiſon.

Plus vous avez d'habileté,
plus vous tirez de votre état,
& plus vous étendez vos
plaiſirs. Ce n'eſt pas la poſſeſſion qui nous rend heureux, c'eſt la jouiſſance ; &
la jouiſſance eſt dans l'attention.

M

Si l'on sçavoit se renfor-
mer dans son état, on ne seroit ni ambitieux, ni en-
vieux, & tout seroit en paix:
mais nous ne vivons point
assez dans le présent, nos désirs & nos esperances nous
portent sans cesse vers l'avenir.

Il y a deux sortes de fols
dans le monde; les uns vivent toûjours dans l'avenir,
& ne se soûtiennent que d'es-
pérances; & comme ils ne
sont pas assez sages pour
compter juste avec elles, ils
passent leur vie en mécom-
pte. Les personnes raisonnables ne s'occupent que de
désirs à leur portée; souvent
ils ne sont point trompez:
quand ils le seroient, ils s'en

consoleroient : Ils sçavent de
plus que le goût des biens
finit, ou par la possession, ou
par l'impossibilité d'obtenir
la chose désirée : avec ces
réflexions les personnes sages se calment. Il y a une
autre espéce de fols qui ti-
rent trop du présent, & a-
bandonnent l'avenir : ils rui-
nent leur fortune, leur réputation & leur goût, en ne
les ménageant pas assez. Ceux
qui sont raisonnables, joignent les deux tems : ils
jouissent du présent, & n'a-
bandonnent point l'avenir.

C'est un devoir, ma Fille,
que d'employer le tems :
quel usage en faisons-nous ?
Peu de gens sçavent l'estimer selon sa juste valeur.

Rendez-vous compte, dit un Ancien, *de toutes vos heures,, afin qu'ayant profité du pre-sent, vous ayez moins besoin de l'avenir.* Le tems fuit a-vec rapidité : Aprenez à vi-vre, c'est-à-dire à en faire un bon usage ; mais la vie se consomme en esperances vaines, à courir après la for-tune, ou à l'attendre. Tous les hommes sentent le vuide de leur état ; toûjours occu-pez sans être remplis. Son-gez que la vie n'est pas dans l'espace du tems, mais dans l'emploi que vous en devez faire : Pensez que vous avez un esprit à cultiver, & à nourrir de la verité, un cœur à épurer & à conduire, & un culte de Religion à ren-dre.

Comme les premieres an-
nées sont précieuses, songez,
ma Fille, à en faire un usage utile. Pendant que les ca-
ractéres s'impriment aisé-
ment, ornez votre memoi-
re de choses précieuses : pensez que vous faites la provi-
sion de toute votre vie. La
memoire se forme & s'étend
en l'exerçant.

N'éteignez point en vous
le sentiment de curiosité, il
faut seulement le conduire
& lui donner un bon objet.
La curiosité est une connois-
sance commencée qui vous
fait aller plus loin, & plus
vîte dans le chemin de la
verité ; c'est un penchant de
la nature qui va au-devant
de l'instruction, il ne faut

pas l'arrêter par l'oisiveté &
la molesse.

Il est bon que les jeunes
personnes s'occupent de
sciences solides ; l'Histoire
Grecque & Romaine éleve
l'ame, nourrit le courage par
les grandes actions qu'on y
voit ; il faut sçavoir l'Histoire de France ; il n'est pas permis d'ignorer l'Histoire de
son Pays. Je ne blâmerois
pas même un peu de Philo-
sophie, surtout de la nou-
velle, si on en est capable.
Elle vous met de la précision
dans l'esprit, démôle vos idées
& vous apprend à penser juste. Je voudrois aussi de la
morale ; à force de lire Cice-
ron, Pline, & les autres, on
prend du goût pour la vertu ;

il se fait une impression in-
sensible qui tourne au profit
des mœurs. La pente aux vices se corrige par l'exemple
de tant de vertus , & rarement trouverez - vous un
mauvais naturel avoir du
goût pour ces sortes de lectures. On n'aime point à voir
ce qui nous accuse , & ce qui
nous condamne toûjours.

Pour les Langues , quoi-
qu'une femme doive se contenter de parler celle de son
Païs, je ne m'opposerois pas
à l'inclination que l'on pourroit avoir pour le Latin ; c'est
la Langue de l'Eglise : elle
vous ouvre la porte à toutes
les sciences : elle vous met
en societé avec ce qu'il y a
de meilleur dans tous les sié-

cles. Les femmes apprennent
volontiers l'Italien qui me
paroît dangereux: c'est la Langue de l'amour, les Auteurs
Italiens font peu châtiez : il
regne dans leurs ouvrages
un jeu de mots, une ima-
gination fans régle qui s'op-
pofe à la juftesse de l'esprit.

La Poëfie peut avoir des
inconveniens ; j'aurois pourtant peine à interdire la lecture des belles Tragedies de
Corneille ; mais souvent les
meilleures vous donnent des
leçons de vertu, & vous laif-
fent l'impreffion du vice.

La lecture des Romans est
plus dangereufe : je ne voudrois pas que l'on en fit un
grand ufage ; ils mettent du
faux dans l'esprit. Le Ro-
man

man n'étant jamais pris sur le vrai, allume l'imagination, affoiblit la pudeur, met le desordre dans le cœur ; & pour peu qu'une jeune personne ait de la disposition à la tendresse, hâte & précipite son penchant. Il ne faut point augmenter le charme, ni l'illusion de l'amour ; plus il est adouci, plus il est modeste, & plus il est dangereux. Je ne voudrois point les défendre ; toutes défenses blessent la liberté, & augmentent le desir ; mais il faut autant qu'on peut s'accoûtumer à des lectures solides, qui ornent l'esprit, & fortifient le cœur : on ne peut trop éviter celles qui laissent des impressions difficiles à effacer.

N

Moderez vôtre goût pour
les sciences extraordinaires ;
elles sont dangereuses , &
elles ne donnent ordinairement que beaucoup d'or-
gueïl ; elles démontent les
ressorts de l'ame. Si vous a-
vez une imagination vaste ,
vive & agissante , & une curiosité que rien ne puisse arrêter , il vaut mieux occuper ces dispositions aux sciences , que de hazarder qu'elles se tournent au profit des
passions : mais songez que
les filles doivent avoir sur
les sciences une pudeur pres-
qu'aussi tendre que sur les
vices.

Soyez donc en garde con-
tre le goût du bel esprit : ne
vous amusez point à courir

après des fciences vaines, &
après celles qui font au-deffus de votre portée. Notre
ame a bien plus de quoi
jouïr, qu'elle n'a de quoi
connoître ; nous avons les
lumieres propres & nécef-
faires à notre bien être ; mais
nous ne voulons pas nous
en tenir là : nous courons a-
près des veritez qui ne font
pas faites pour nous.

Avant que de nous enga-
ger à des recherches qui font
au-deffus de nos connoif-
fances, il faudroit fçavoir
quelle étenduë peuvent a-
voir nos lumieres : quelle régle il faut avoir pour déter-
miner notre perfuafion : apprendre à féparer l'opinion
de la connoiffance, & avoir

la force de douter, quand nous ne voyons rien claire-ment, & le courage d'igno-rer ce qui nous paſſe, pour arrêter la hardieſſe de l'eſ-prit, & pour diminuer la confiance.

Songeons que les deux principes de toutes nos con-noiſſances, la raiſon & les ſens, manquent de ſincerité, & nous abuſent. Les ſens ſurprennent la raiſon, & la raiſon les trompe à ſon tour : Voilà nos deux guides, qui tous deux nous égarent. Ces reflexions dégoûtent des ſciences abſtraites : em-ployons donc le tems en connoiſſances utiles.

Il faut qu'une jeune per-ſonne ait de la docilité, peu

de confiance en foi-même ;
mais auffi ne faut-il pas pouffer cette docilité trop loin.
En fait de religion il faut
ceder aux autoritez : mais fur
tout autre fujet , il ne faut
recevoir que celle de la raifon & de l'évidence. En don-
nant trop d'étenduë à la docilité , vous prenez fur les
droits de la raifon , vous ne
faites plus d'ufage de vos
propres lumieres qui s'affoi-
bliffent. C'eft donner des
bornes trop étroites à vos
idées, que de les renfermer
dans celles d'autrui. Le témoignage des hommes ne
peut avoir créance, qu'à proportion du degré de certitude qu'ils fe font acquis en
s'inftruifant des faits. Il n'y a

point de prescription contre
la verité : elle est pour toutes les personnes, & de tous
les tems. Enfin, comme dit
un grand homme, *pour être*
Chrétien, il faut croire aveu-
glement, & pour être sage, il
faut voir évidemment.

Accoutumez-vous à exer-
cer votre esprit, & à en faire
usage plus que de vôtre mémoire. Nous nous remplis-
sons la tête d'idées étrange-
res, & nous ne tirons rien de
notre propre fond. Nous
croyons avoir beaucoup
avancé, quand nous nous
chargeons la mémoire d'His-
toires & de faits; cela ne
contribuë gueres à la perfection de l'esprit. Il faut s'accoûtumer à penser. L'esprit

s'étend & s'augmente par l'e-
xercice ; peu de perſonnes en
font uſage.

C'eſt chez nous un talent
qui ſe repoſe , que de ſçavoir penſer. Les faits hiſto-
riques , ni les opinions des
Philoſophes ne vous deffen-
dront pas contre un malheur
preſſant : vous ne vous en
trouverez pas plus forte.
Vous arrive - t - il une afflic-
tion , vous avez recours à Se-
neque & à Epictete ; eſt-ce à
leur raiſon à vous conſoler ?
N'eſt-ce pas à la vôtre à faire
ſa charge ? Servez - vous de
votre propre bien : faites des
proviſions dans le tems calme , pour le tems de l'afflic-
tion qui vous attend ; vous
ferez bien plus ſoutenuë par

votre propre raison, que par
celle des autres.

Si vous pouvez regler vo-
tre imagination & la rendre
soumise à la verité & à la
raison, ce sera une grande
avance pour votre perfection
& pour votre bonheur. Les
femmes font ordinairement
gouvernées par leur imagination : comme on ne les occupe à rien de solide, & qu'elles
ne font dans la suite de leur
vie chargées, ni du soin de
leur fortune, ni de la conduite de leurs affaires, elles
ne font livrées qu'à leurs plaisirs. Spectacles, habits, Romans & sentimens, tout cela
est de l'empire de l'imagination. Je sçai qu'en la reglant,
vous prenez sur les plaisirs,

c'est elle qui en est la source &
qui met dans les choses qui
plaisent le charme & l'illusion
qui en font tout l'agrément ;
mais pour un plaisir de sa façon, quels maux ne vous fait-
elle point ? Elle est toûjours
entre la verité & vous : la
raison n'ose se montrer où
regne l'imagination. Nous ne
voyons que comme il lui
plaît : les gens qu'elle gouverne sçavent ce qu'elle fait souffrir. Ce seroit un heureux
traité à faire avec elle, que
de lui rendre ses plaisirs, à
condition qu'elle ne vous feroit point sentir ses peines ;
enfin rien n'est plus opposé
au bonheur, qu'une imagi-
nation délicate, vive & trop
allumée.

Donnez-vous une vérita-
ble idée des chofes : ne jugez
point comme le peuple : ne
cedez point à l'opinion : re-
levez-vous des préjugez de
l'enfance. Quand il vous arrive quelque chagrin, tenez
la méthode fuivante, je m'en
fuis bien trouvée. Exami-
nez ce qui fait vôtre peine,
écartez tout le faux qui l'en-
toure, & tout les ajoûtez de
l'imagination, & vous verrez que fouvent ce n'eft rien
& qu'il y a bien a rabattre.
N'eftimez les chofes que ce
qu'elles valent. Nous avons
bien plus à nous plaindre des
fauffes opinions que de la
fortune : ce ne font pas fouvent les chofes qui nous blef-
fent, c'eft l'opinion que nous
en avons.

Il faut pour être heureuſe
penſer ſainement. On doit un
grand reſpeƐt aux opinions
communes, quand elles regardent la Religion: mais on doit
penſer bien differemment du
peuple ſur ce qui s'appelle
morale, & bonheur de la vie.
J'appelle peuple, tout ce qui
penſe baſſement, & commu-
nément; la Cour en eſt rem-
plie, le Monde ne parle que
de fortune & de crédit : on
n'entend que, *ſuivez votre
route, hâtez-vous d'avancer,*
& la Sageſſe dit, *rabattez-vous
aux choſes ſimples : choiſiſſez
une vie obſcure, mais tranquil-
le : dérobez-vous au tumulte :
fuyez la foule.* La récom-
penſe de la vertu n'eſt pas
toute dans la renommée, elle

est dans le témoignage de votre propre conscience. Une grande vertu ne peut-elle pas vous consoler de la perte d'un peu de gloire.

Apprenez que la plus grande science est de sçavoir être à soi. *J'ay appris*, disoit un Ancien, *à être mon ami, ainsi je ne serai jamais seul :* Il faut vous ménager des ressources contre les chagrins de la vie ; & des équivalens aux biens sur lesquels vous aviez compté. Assurez-vous une retraite, un azyle en vous-même, vous pourrez toûjours revenir à vous, & vous retrouver. Le Monde vous étant moins nécessaire, aura moins de prise sur vous : Quand vous

ne tenez pas à vous par des
goûts solides , vous, tenez à
tout.

Faites ufage de, la folitude ; Rien n'eft plus utile , ni
plus néceffaire pour affoiblir l'impreffion que font fur
nous les objets fenfibles. Il
faut donc de tems en tems
fe retirer du Monde, fe mettre à part : Ayez quelques
heures dans la journée pour
lire , & pour faire ufage de
vos réflexions. *La réflexion,*
dit un Pere de l'Eglife , *eft
l'œil de l'ame , c'eft par elle
que s'introduifent la lumiere &
la verité ; je le menerai dans
la folitude ,* dit la Sageffe , *&
là je parlerai à fon cœur ;* c'eft
là où la verité donne fes leçons ; où les préjugez s'éva-

noüiſſent, où la prévention s'affoiblit ; & où l'opinion qui gouverne tout, commence à perdre ſes droits. Quand on jette la vûë ſur l'inutilité, ſur le vuide de la vie, on eſt forcé de dire avec Pline : *Il vaut mieux paſſer ſa vie à ne rien faire, qu'à faire des riens.*

Je vous l'ai déja dit, ma Fille, le bonheur eſt dans la paix de l'ame ; vous ne pourrez jouïr des plaiſirs de l'eſprit ſans la ſanté de l'eſprit : tout eſt preſque plaiſir pour un eſprit ſain : Pour vivre avec tranquilité, voici les régles qu'il faut ſuivre. La premiere, de ne ſe pas livrer aux choſes qui plaiſent : de ne faire que s'y prêter ; de n'attendre pas trop des hom-

mes, de peur de décompter,
d'être son premier ami à soi-
même. La solitude aussi af-
sure la tranquilité, & est a-
mie de la Sagesse ; c'est au-
dedans de nous qu'habitent
la Paix & la Verité. Fuyez-le
grand Monde, il n'y a point
de sureté ; il y a toûjours
quelque sentiment qu'on a-
voit affoibli, qui se réveille :
on ne trouve que trop de
gens qui favorisent le déréglement ; plus il y a de monde, & plus les passions ac-
quiérent d'autôrité ; il est difficile de résister à l'effort du
vice, qui vient si bien ac-
compagné : enfin on en re-
vient plus foible, moins modeste, plus injuste, pour a-
voir été parmi les hommes.

Le Monde communiquē
ſon venin aux ames tendres.
Il faut de plus fermier toutes les avenuës aux paſſions ;
il eſt plus aiſé de les préve-
nir , que de les vaincre ; &
quand on feroit aſſez heureux pour les bannir , dès
qu'elles ſe font fait ſentir ,
elles font bien payer leur ſé-
jour. On ne peut refuſer à la
nature les premiers mouve-
mens ; mais ſouvent elle é-
tend ſes droits bien loin ; &
quand vous revenez à vous ,
vous trouvez bien des ſujets
de répentir.

Il faut avoir des reſſour-
ces & des pis aller : meſurez
vos forces & vôtre coura-
ge ; & pour cela , dans les
choſes que vous craignez ;
met-

mettez tout au pis. Attendez avec fermeté le malheur qui peut vous arriver : envisagez-le à face découverte : voyez-le dans toutes les circonstances les plus terribles, & ne vous en laissez pas accabler.

Un Favori, parvenu au comble de la fortune, faisoit voir ses richesses à son ami ; en lui montrant une cassette, il lui disoit : *C'est là qu'est mon trésor.* Son ami le pressa de le lui faire voir ; il lui permit d'ouvrir sa cassette ; elle ne renfermoit qu'un vieil habit tout déchiré ; l'ami en paroissant surpris, le favori lui dit : *Quand la fortune me renvoyera à mon premier état, je suis tout prêt.*

Quelle reſſource de mettre
tout au pis , & de ſe ſentir
de la force pour s'y ſoute-
nir !

Quand vous déſirerez quelque choſe fortement , commencez par examiner la choſe déſirée : voyez les biens
qu'elle vous promet , & les
maux qui la ſuivent : : ſou-
venez-vous du paſſage d'Ho-
race : *La Volupté marche devant vous , & vous cache ſa
ſuite.* Vous ceſſerez de craindre , dès que vous ceſſerez
de déſirer : Croyez que le
Sage ne court pas après la
félicité , mais qu'il ſe la donne ; il faut que ce ſoit votre
ouvrage ; elle eſt entre vos
mains : Songez qu'il faut peu
de choſe pour les beſoins de

la vie ; mais qu'il en faut in-
finiment pour satisfaire aux
besoins de l'opinion : que
vous aurez bien plûtôt fait
de mettre vos désirs au niveau de votre fortune , que
votre fortune au niveau de
vos désirs. Si les honneurs &
les richesses pouvoient ras-
fasier , il faudroit en amasser ;
mais la soif augmente en les
acquerant ; celui qui désire
le plus , est le plus pauvre.

Les jeunes personnes s'occupent de l'espérance ; Mr. de
la Rochefoucault dit , *qu'elle*
vous conduise jusqu'à la fin de
la vie , par un chemin agréable.
Elle seroit bien courte si l'espérance ne lui donnoit de
l'étenduë ; c'est un sentiment
consolant , mais qui peut être

dangereux, puisqu'il vous
prépare souvent bien des mécomptes. Le moindre mal
qui en arrive, c'est de laif-
fer échaper ce qu'on poffé-
de, en attendant ce qu'on
défire.

Notre amour propre nous
dérobe à nous-mêmes, &
nous diminuë tous nos dé-
fauts. Nous vivons avec eux
comme avec les odeurs que
nous portons, nous ne les
fentons plus ; elles n'incom-
modent que les autres, pour
les voir dans leur vrai point
de vûë, il faut les voir dans
autrui. Voyez vos imperfe-
ctions avec les mêmes yeux
que vous voyez celles des
autres : ne vous relâchez
point fur cette regle, elle

vous accoûtumera à l'équité : examinez votre caractére , & mettez à profit vos
défauts ; il n'y en a point qui
ne tienne à quelques vertus ,
& qui ne les favorise. La Morale n'a pas pour objet de détruire la nature , mais de la
perfectionner. Etes-vous glo-
rieuse ? servez-vous de ce
sentiment-là, pour vous élever au-dessus des foiblesses
de votre sexe , pour éviter
les défauts qui humilient. Il
y a à chaque déreglement
du cœur une peine & une
honte attachées , qui vous
sollicitent à le quitter. Etes-
vous timide ? tournez cette
foiblesse en prudence : qu'elle
vous empêche de vous com-
mettre. Etes-vous dissipatri-

ce ? aimez-vous à donner ?
il est aisé de la prodigalité
d'en faire de la générosité.
Donnez avec choix & à propos ; ne négligez pas les in-
différens : prenez soin des
pauvres : prêtez dans le besoin ; mais donnez à ceux
qui ne peuvent rendre : par-
là vous cedez à vôtre sentiment, & vous faites de bonnes actions : il n'y a pas une
foiblesse, dont, si vous voulez, la vertu ne puisse faire
quelque usage.

Dans les afflictions qui
vous arrivent, & qui vous
font sentir votre peu de mérite, loin de vous irriter, &
d'opposer l'opinion que vous
avez de vous-même, à l'injustice que vous prétendez

qu'on vous fait , songez que
les personnes qui vous la font,
sont plus en état de juger de
vous , que vous-même ; que
vous devez plûtôt les croire
que l'amour propre , qui n'est
qu'un flateur : & que , sur ce
qui vous regarde , vôtre ennemi est plus prés que vous
de la verité , que vous ne devez avoir de merite à vos
yeux , que celui que vous
avez aux yeux des autres.
L'on a trop de penchant à se
flatter , & les hommes sont
trop prés d'eux-mêmes pour
le juger.

Voilà des préceptes géné-
raux pour combattre les vices de l'esprit ; mais vôtre
premiere attention doit être
à perfectionner votre cœur

& ses sentimens ; vous n'a-
vez de vertu sure & durable
que par le cœur ; c'est lui pro-
prement qui vous caracteri-
se ; pour vous en rendre maî-
tresse, gardez cette méthode.
Quand vous vous sentez agi-
tée d'une passion vive & forte, demandez quelque tems
à vôtre sentiment, & com-
posez avec votre foiblesse ;
si vous voulez sans l'écouter
un moment tout sacrifier à
votre raison, à vos devoirs,
il est à craindre que la passion
ne se révolte, & ne devienne
la plus forte. Vous êtes sous
sa loi : il faut la ménager avec
adresse : vous tirerez plus de
secours que vous ne pensez
d'une pareille conduite : vous
trouverez des remedes sûrs,
même

même dans votre paſſion ; ſi
c'eſt de la haine , vous connoîtrez que vous n'avez pas
tant de raiſon de haïr , ni de
vous venger. Si par malheur
c'étoit le ſentiment contraire
dont vous fuſſiez occupée ,
il n'y a point de paſſion qui
vous fourniſſe des ſecours
plus ſûrs contre elle-même.

Si vôtre cœur a le malheur
d'être attaqué par l'amour,
voici les remedes pour en arrêter le progrès. Penſez que
ſes plaiſirs ne ſont ni ſolides,
ni fidéles : ils vous quittent,
& quand ils ne vous feroient
que ce mal , ç'en eſt aſſez.
Dans les paſſions , l'ame ſe
propoſe un objet : elle eſt plus
intimement unie à lui par le
deſir , ou par la joüiſſance ,

P

qu'elle ne l'est à son être ; elle
attache à sa profession tout
ses biens : à sa perte , tous
ses maux. Cependant ce bien
de l'opinion , ce bien du
choix de l'ame , n'est ni solide , ni durable ; il dépend
des autres : il dépend de vous,
& vous ne pouvez répondre
ni des autres, ni de vous.

L'amour , dans les com-
mencemens , ne vous pre-
sente que des fleurs , & vous
cache le danger , il vous
trompe ; il prend toûjours
quelque forme qui n'est pas
la sienne ; le cœur d'intelligence avec lui sçait vous cacher son penchant , de peur
d'allarmer la raison & la pudeur. C'est un simple amu-
sement ; c'est l'esprit qui nous

touche : Enfin , jusques à ce
que l'amour se soit rendu le
maître , il est presque toûjours ignoré. Dès qu'il s'est
fait sentir, fuyez , n'écoutez
point les plaintes de vôtre
cœur ; l'amour ne s'arrache
point de l'ame avec des ef-
forts ordinaires, il a trop de
Partisans chez nous : dès
qu'il vous a surpris, tout est
pour lui contre vous, & rien
ne veut vous servir contre
l'amour. C'est la plus cruelle
situation où une personne
raisonnable puisse se trouver ;
où rien ne vous soûtient ; où
vous n'avez de Spectateur
que vous-même : il faut sans
cesse ranimer son courage.
Songez qu'il vous en fau-
droit faire un bien plus tri-

ste usage , si vous vous relâ-
chiez.

Faites réflexion aux fune-
stes suites des passions , vous
ne trouverez que trop d'e-
xemples pour vous instruire ;
mais souvent nous en som-
mes désabusées sans en être
guéries. Supputez, s'il est possible , les maux que l'amour
sçait faire ; il surprend la raison ; il jette le trouble dans
l'ame & dans les sens ; il enleve la fleur de l'innocence ;
il étonne la vertu ; il ternit
la réputation , la honte é-
tant presque toûjours à la
suite de l'amour. Rien ne
vous avilit tant , & ne vous
met tant au-dessous de vous-
même , que les passions : elles
vous dégradent ; il n'y a

que la raifon qui vous conferve vôtre place. Il eft bien
plus fâcheux d'avoir befoin
de fon courage, pout foû-
tenir un malheur, que pour
l'éviter, le plaifir de faire fon
devoir vous confole ; mais
ne vous applaudiffez jamais,
de peur d'être humilliée. Songez que vous portez vôtre
ennemi avec vous : prenez
une conduite qui vous ré-
ponde de vous à vous-mê-
me : fuyez les fpectacles, les
reprefentations paffionnées ;
il ne faut point voir ce qu'on
ne veut point fentir ; la Mu-
fique, la Poëfie, tout cela eft
du train de la volupté. Faites des lectures folides qui
fortifient la raifon.

Ne foyez point en com-

merce avec votre imagina-
tion : elle vous peindra l'a-
mour avec tous fes charmes :
tout eft féduction , illufion
quand il paffe par elle ; il y
a bien à perdre quand vous
la quittez pour venir à la réalité. Saint Auguftin nous a
peint fon état , quand il a
voulu quitter l'amour & les
plaifirs : il dit , que ce qu'il
aimoit fe prefentoit à lui
fous une figure charmante ;
il fait une peinture de ce qui
fe paffoit dans fon cœur , fi
vive , qu'on ne fçauroit la
lire fans danger. Il faut paffer legerement fur les ta-
bleaux de la volupté : elle eft
à craindre dans les tems où
l'on confpire contre elle ;
quand on la pleure même ,

Il s'en faut défier. La paſſion s'augmente par les retours qu'on fait ſur ſoi, l'oubli eſt la ſeule ſûreté qu'on puiſſe prendre contre l'amour : il faut compter férieuſement avec vous-même, & vous dire : que veux-je faire du fentiment qui m'occupe ? tels & tels malheurs ne m'attendent-ils pas, ſi j'ai la foibleſſe d'y ceder ?

Tirez des forces & du ſecours de vôtre ennemi, de ſon propre caractére ; quand vous voudrez ne le point flatter, il vous en fournira. Ecartez tous les agrémens que vous lui donnez : ne lui prêtez rien, & ne luy faites grace ſur rien, & vous verrez qu'il lui en reſte peu.

aprés cela n'y penfez plus ;
prenez une réfolution ferme de le fuïr : croyez que
nous fommes auffi forts que
nous voulons l'être. La diffipation, les amufemens fimples font neceffaires ; mais il
faut éviter tout les plaifirs
qui portent au cœur.

Ce ne font pas toûjours
les fautes qui nous perdent,
c'eft la maniere de fe conduire aprés les avoir faites.
L'humble aveu de nos fau-
tes défarme la haine , & é-
mouffe la colére. Les femmes qui ont eu le malheur
de fe dérober à leur devoir,
de bleffer la bienféance , de
révolter la vertu & la pudeur , doivent ce refpect à
l'ufage & à l'honnêteté vio-

lée, de paroître avec un air
humilié ; c'est une espece de
réparation que le Public demande ; il se souvient de vos
fautes dès que vous les oubliez. Le répentir assure le
changement : prévenez la
malignité naturelle qui est
dans tous les hommes : met-
tez-vous à la place que leur
orgüeil vous destine , ils
vous veulent humiliée ,
quand vous aurez fait leur
ouvrage , ils n'auront rien à
vous demander , la superbe
aprés les fautes les rappelle;
& les immortalise.

Passons , ma Fille , aux devoirs de la société. J'ay crû
qu'avant tout il falloit vous
tirer de l'éducation ordinaire , & des préjugez de l'en-

fance ; qu'il étoit neceſſaire
de fortifier votre raiſon, &
de vous donner des principes certains pour vous ſervir d'appui : j'ai crû que la
plûpart des déſordres de la
vie venoient des fauſſes opinions : que les fauſſes opinions donnoient des ſentimens déreglez, & que quand
l'eſprit n'eſt pas éclairé, le
cœur eſt ouvert aux paſſions.
Qu'il faut avoir des véritez
dans l'eſprit qui nous préſer-
vent de l'erreur : qu'il faut
avoir des ſentimens dans le
cœur, qui les ferment aux
paſſions. Quand vous con-
noîtrez la verité & que vous
aimerez la juſtice toutes les
vertus ſont en ſureté.

Le premier devoir de la

vie civile , est de songer aux
autres ; ceux qui ne vivent
que pour eux tombent dans
le mépris, & dans l'abandon.
Quand vous voudrez trop
exiger des autres , on vous
refusera tout , amitié , sentimens , service : la vie civile est
un commerce d'offices mu-
tuels ; le plus honnête y met
davantage : en songeant au
bonheur des autres , vous
assurez le vôtre ; c'est habileté que de penser ainsi.

Rien de plus haïssable que
les gens qui font sentir qu'ils
ne vivent que pour eux. L'a-
mour propre outré fait les
grands crimes ; quelques dé-
grez au-dessous , il fait les vices ; mais pour peu qu'il en
reste , il affoiblit les vertus,

& les agrémens de la société.
Il est impossible de se lier aux
personnes qui ont un amour
propre dominant, & qui le
font sentir; cependant nous ne
nous en dépoüillerons jamais:
tant que nous tiendrons à la
vie ; nous tiendrons à nous.

Mais il y a un amour pro-
pre habile qui ne s'exerce
point aux dépens des autres.

Nous croyons nous élever
en abaissant nos semblables ;
c'est ce qui nous rend médi-
sans & envieux. La bonté rend
bien plus que la malignité.
Faire du bien quand on le
peut; en dire de tout le monde:
ne juger jamais à la rigueur.
Ces actes de bonté & de générosité souvent repetez , vous
acquierent enfin une grande

& belle réputation. Tout le monde est interressé à vous loüer, à diminuer vos défauts, & à augmenter vos bonnes qualitez. Il faut fonder votre réputation sur vos vertus, & non sur le démerite des autres : comptez que leurs bonnes qualitez ne vous ôtent rien, & que vous ne devez imputer qu'à vous la diminution de vôtre réputation.

Une des choses qui nous rend plus malheureuses, c'est que nous comptons trop sur les hommes ; c'est aussi la source de nos injustices : nous leur faisons des querelles, non sur ce qu'ils nous doivent, ni sur ce qu'ils nous ont promis ; mais sur ce que nous avons esperé d'eux ; nous

nous faisons un droit de nos
esperances qui nous fournis-
fent bien des mécomptes.

Ne foyez point précipitée
dans vos jugemens : n'écoutez point les calomnies ; ré-
fiftez même aux premieres
apparences ; & ne vous preffez jamais de condamner.
Songez qu'il y a des chofes
vraifemblables fans être
vrayes, comme il y en a de
vraies qui ne font pas vraies-
femblables.

Il faudroit dans les jugemens particuliers, imiter l'é-
quité des jugemens folem-
nels. Jamais les Juges ne dé-
cident fans avoir examiné,
écouté, & confronté les témoins avec les interreffez ;
mais nous, fans miffion, nous

nous rendrons les arbitres de
la réputation : toute preuve
suffit , toute autôrité paroît
bonne , quand il faut condamner. Conseillez par la
malignité naturelle , nous
croyons nous donner ce que
nous ôtons aux autres ; de là
viennent les haines & les ini-
mitiez : car tout se sçait.

Mettez donc de l'équité
dans vos jugemens ; cette
même justice que vous ferez
aux autres , ils vous la ren-
dront. Voulez-vous qu'on
pense & qu'on dise du bien
de vous , ne dites jamais de
mal de personne.

L'honnêteté qui est une imitation de la charité, est aussi
une des vertus de la société ;
elle vous met au-dessus des

autres quand vous l'avez à un
dégré plus éminent ; mais
elle ne se pratique & ne se
soûtient qu'aux dépens de
l'amour propre. L'honnêteté
prend toûjours sur vous &
tourne au profit des autres ;
elle est une des grands liens
de la societé, & la seule qualité qui mette de la sureté &
de la douceur dans le commerce.

Nous aimons naturelle-
ment à dominer ; c'est un
sentiment injuste. Où sont
nos droits , pour vouloir
nous élever au-dessus des autres ? Il n'y a qu'une domina-
tion permise & legitime ; c'est
celle que vous donne la vertu : ayez plus de bonté & de
générosité que les autres :
soyez,

soyez en avances de services & de bienfaits ; c'est le moyen de vous élever. Le grand désinteressement vous rend aussi indépendant & vous éleve plus que la fortune même : rien ne nous abaisse tant que l'amour du bien.

Ce sont les qualitez du cœur qui entrent dans le commerce ; l'esprit ne lie point aux autres , & vous voyez souvent des gens fort haïssables avec beaucoup d'esprit ; ils vous donnent bonne opinion d'eux-mêmes, veulent dominer & abaisser les autres.

Quoique l'humilité n'ait été regardée que comme une vertu chrétienne , il faut pourtant convenir qu'elle est

Q

une vertu de la société, &
si neceflaire, que fans elle,
vous êtes d'un commerce
difficile. C'eft l'idée que vous
avez de vous-même, qui
vous fait foûtenir vos droits
avec tant de hauteur, &
prendre fur ceux d'autrui.

Il ne faut jamais compter
à la rigueur avec perfonne.
L'exacte honnêteté ne de-
mande point tout ce qui
vous eft dû. Avec vos amis
ne craignez point d'être en
avance : Si vous voulez être
une amie aimable, n'exigez
rien avec trop de rigueur ;
mais afin que les maniéres
ne fe démentent point, comme elles expriment les difpo-
fitions du dedans, faites fouvent de férieufes réflexions

fur vos foiblesses , & vous
montrez vous-même à dé-
couvert ; vous tirerez de
cet examen des sentimens
d'humilité pour vous , & d'indulgence pour les autres.

Soyez humble , fans être
honteufe : La honte eft un
orguëil fecret , & l'orguëil
eft une erreur fur ce que
l'on vaut , & une injuftice fur
ce que l'on veut paroître aux
autres.

La réputation eft un bien
trés-défirable ; mais c'eft foibleffe de la rechercher avec
trop d'ardeur , & de ne rien
faire que pour elle ; il faut fe
contenter de la mériter. Il
ne faut pas rejetter le fentiment de la gloire , c'eft l'aide
le plus fûr que nous ayons

pour la vertu ; mais il est que-
stion de choisir la bonne
gloire.

Accoûtumez-vous à voir
sans étonnement & sans envie, ce qui est au-dessus de
vous ; & sans mépris ce qui
est au-dessous. Que le faste
ne vous impose pas ; il n'y a
que les petites ames qui se
prosternent devant la grandeur ; l'admiration n'est dûë
qu'à la vertu.

Pour vous accoûtumer à
estimer les Hommes par leurs
qualitez propres, considerez
l'état d'une personne com-
blée d'honneurs, de dignitez
& de richesses, à qui il semble
que rien ne manque ; mais
à qui tout manque effective-
ment, faute d'avoir les vrais

biens ; elle souffre autant que
si sa pauvreté étoit réelle,
puisqu'elle a le sentiment de
la pauvreté. *Rien n'est pire,*
dit un Ancien, *que la pauvre-*
té dans les richesses, parceque
le mal tient à l'ame : celui qui
se trouve dans cet état a
tous les maux de l'opinion,
sans joüir des biens de la fortune ; il a aveuglé par l'erreur, & déchiré par les paffions ; pendant qu'une personne raisonnable qui n'a
rien, mais qui à la place des
faux biens substitué de sages
& de solides réflexions, joüit
d'une tranquilité que rien
n'égale ; le bonheur de l'un
& le malheur de l'autre ne
viennent que de la maniere
differente de penser.

Si vous êtes fenfible à la haine & à la vengeance, oppofez-vous à ce fentiment ; rien n'eft fi bas que de fe venger. Si on vous a offenfé, vous ne devez que du mépris ; & c'eft une detre aisée à payer. Si on ne vous a manqué qu'en chofes légeres, vous devez de l'indulgence ; mais il y a des tems d'injuftices à effuyer dans la vie ; des tems où les amis pour qui vous avez le plus fait, s'acharnent à vous blâmer : après avoir tout mis en ufage pour les défabufer, il ne faut point s'opiniâtrer à combattre contre eux. On doit courir après l'eftime de fes amis ; mais quand vous trouvez des gens qui ne vous

voyent qu'au travers de la
prévention ; quand vous a-
vez affaires à ces imagina-
tions ardentes & allumées ,
qui n'ont d'esprit que pour
soûtenir leurs injustices , il
faut se retirer & se calmer ;
quelques choses que vous fis-
siez , vous n'obtiendriez que
de l'improbation. C'est alors
qu'il faut opposer à leur injustice & à la honte de se dé-
dire ; le rempart de vôtre innocence & la certitude de
n'avoir point failli. Songez
que si dans les tems que
l'on vous élevoit , vous n'en
valliez pas d'avantage , à présent que l'on vous abaisse ,
vous n'en vallez pas moins :
il faut , sans en être plus humiliée , avoir pitié d'eux , ne

ſe point irriter , s'il eſt poſſible , & dire : *Ils ont de mauvais yeux.* Faites réflexion
qu'avec de bonnes qualitez
on ſurmonte la haine & l'envie: Que les eſpérances qu'on
tire de la vertu vous ſoûtien-
nent & vous conſolent.

Ne ſongez à vous venger
qu'en mettant dans votre
conduite plus de modéra-
tion que ceux qui vous atta-
quent , non de malice. Il
n'y a que des ames élevées
qui ſoient touchées de la
gloire de pardonner.

Songez à vous eſtimer à
bon titre , pour vous conſoler de l'eſtime qu'on vous
refuſe. Vous ne pouvez vous
permettre qu'une ſeule vengeance , c'eſt celle de faire du
bien

bien à ceux qui vous ont of-
fenfée ; c'eſt la vengeance la
plus delicate & la ſeule per-
miſe ; vous ſatisfaites à votre ſentiment , & vous ne
prenez point ſur les vertus.
Céſar nous en donne l'exemple. Son Lieutenant Labie-
nus l'abandonna dans le tems
qu'il avoit le plus beſoin de
lui , & paſſa dans le champ de
Pompée ; il laiſſa dans celui
de Céſar de grandes richeſſes;
Céſar les lui renvoya , & lui
manda : *Voilà comme Céſar ſe
venge.*

Il eſt de la prudence de profi-
terdesfautesdes autres, quand
même elles nousbleſſent, mais
ſouvent ils commencent les
torts, & nous les achevons ;
nous uſons mal des droits

qu'ils nous donnent fur eux ; nous voulons tirer trop d'avantage de leurs fautes : c'eft une injuftice & une violen- ce qui met les fpectateurs contre nous. Si nous fouf- frions avec modération, tout feroit pour nous, & les fau- tes de ceux qui nous atta- quent doubleroient par no- tre patience.

Quand vous fçavez que vos amis vous manquent, diffimulez ; dès que vous fai- tes fentir que vous vous en appercevez, leur malignité augmente, & vous mettez leur haine en liberté. En diffimulant, vous flattez leur amour propre : ils joüiffent du plaifir de vous impofer. Ils fe croyent fuperieurs, dès

qu'ils ne font point démêlez:
ils triomphent de vôtre erreur, & jouïffent du plaifir
de ne vous point perdre. En
ne leur faifant point fentir
que vous les connoiffez, vous
leur donnez le tems de fe répentir, de revenir à eux ; il
ne faut qu'un fervice rendu
à propos, ou une autre maniere d'envifager les chofes
pour vous les rendre plus attachez.

Soyez inviolable dans vos
paroles ; mais pour leur acquerir une entiere confiance,
fongez qu'il faut une extrême délicateffe à la garder.
Refpectez la verité, même
dans les chofes indifférentes:
fongez que rien n'eft fi mé-
prifable que de la bleffer. On

a dit que le menfonge fait
voir que l'on méprife les
Dieux , & qu'on craint les
hommes ; que celui - là eft
femblable aux Dieux qui dit
la verité , & qui fait du
bien. Il faut auffi éviter les
fermens : la feule parole d'u-
ne honnête perfonne doit
avoir toute l'autôrité des fermens.

La politeffe eft une envie
de plaire , la nature la donne,
& l'éducation & le monde
l'augmente ; la politeffe éft un
fupplément de la vertu. On
dit qu'elle eft venuë dans le
monde , quand cette fille du
ciel l'a abandonnée. Dans les
tems les plus groffiers , où la
vertu regnoit davantage, on
connoiffoit moins la politef-

se ; elle est venuë avec la volupté : elle est la fille du luxe
& de la délicatesse ; on a dou-
té si elle tenoit plus du vice
que de la vertu. Sans oser
décider, ni la définir, m'est-
il permis de dire mon sentiment ? Je crois qu'elle est un
des plus grands liens de la
societé, puisqu'elle contribuë le plus à la paix ; elle est
une préparation à la charité,
une imitation même de l'humilité. La vraie politesse est
modéste, & comme elle cherche à plaire, elle sçait que les
moyens pour y réussir sont
de faire sentir qu'on ne se
préfere point aux autres ;
qu'on leur donne le premier
rang dans nôtre estime.

L'orgueil nous sépare de

la société ; nôtre amour propre nous donne un rang à
part qui nous est toûjours
disputé ; l'estime de soi-même qui se fait trop sentir, est
presque toûjours punie par
le mépris universel ; la politesse est l'art de concilier a-
vec agrément ce qu'on doit
aux autres , & ce qu'on se
doit à soi-même , car ces devoirs ont leurs limites , les-
quelles passées, c'est flatterie
pour les autres , & orgüeil
pour vous : c'est la qualité
la plus séduisante.

Les personnes les plus po-
lies ont ordinairement de la
douceur dans les mœurs , &
des qualitez liantes ; c'est la
ceinture de Venus : elle em-
bellit & donne des graces à

tous ceux qui la portent : a-
vec elle vous ne pouvez
manquer de plaire.

Il y a bien des degrez de
politesse ; vous en avez une
plus fine à proportion de la
délicatesse de l'esprit ; elle entre dans toutes vos maniéres, dans vos discours, dans
votre silence même.

L'exacte politesse défend
qu'on étale avec hauteur son
esprit & ses talens : il y a aussi de la dureté à se montrer
heureux à la vûë de certains
malheurs : il ne faut que du
monde pour polir les ma-
nieres ; mais il faut beaucoup
de délicatesse pour faire paffer la politesse jusqu'à l'esprit. Avec une politesse fine
& délicate , on vous passe

R iv

bien des défauts , & on é-
tend vos bonnes qualitez :
Ceux qui manquent de ma-
nieres , ont plus besoin de
qualitez solides , & leur réputation se forme lentement :
Enfin la politesse coûte peu,
& rend beaucoup.

Le silence convient toû-
jours à une jeune personne :
il y a de la modestie & de la
dignité à le garder ; vous jugez les autres , & vous ne
hazardez rien : mais gardez-
vous d'avoir un silence fier
& insultant ; il faut qu'il soit
l'effet de vôtre retenuë &
non pas de votre orgueil.
Mais comme on ne peut pas
toûjours se taire , il faut sçavoir, que la premiere regle
pour bien parler, c'est de bien
penser.

Quand vos idées feront
nettes & démêlées, vos difcours feront clairs ; qu'ils
foient remplis de pudeur &
de bienféance : refpectez dans
vos difcours les préjugez &
les coûtumes ; les expreffions
marquent les fentimens, &
les fentimens font les expreffions des mœurs.

Il faut fur-tout éviter le ca-
ractere plaifant, c'eft toûjours
un mauvais perfonnage, &
rarement en faifant rire fe
fait-on eftimer. Ayez attention aux autres bien plus
qu'à vous : fongez plûtôt à
les faire valoir, qu'à briller :
il faut fçavoir bien écouter,
& ne montrer ni dans fes
yeux, ni dans fes manieres
un air diftrait. Contez peu ;

narrez d'une maniere fine & ferrée : que ce que vous direz soit neuf, ou que le tour en soit nouveau. Le monde est rempli de gens qui portent des sons à l'oreille, sans rien dire à l'esprit. Il faut, quand on parle, plaire ou instruire ; quand vous demandez de l'attention, il faut la payer par l'agrément. Un discours mediocre ne sçauroit être trop court.

Approuvez, mais admirez rarement : l'admiration est le partage des sots. Eloignez de vos discours l'art & la finesse : la principale prudence consiste à parler peu & à se défier plus de soi-même que des autres. Une conduite droite, la réputation de pro-

bité, attire plus de confiance & d'eſtime ; & à la longue
plus d'avantages de la fortune, que les voyes détournées.
Rien ne vous rend digne des
plus grandes choſes & ne
vous met au-deſſus des autres que l'exacte probité.

Accoutumez-vous à avoir
de la bonté & de l'humanité
pour vos domeſtiques. Un
ancien, dit, *qu'il faut les regarder comme des amis malheureux* : Songez que vous
ne devez qu'au hazard l'extrême difference qu'il y a de
vous à eux : ne leur faites
point ſentir leur état : n'ap-
peſantiſſez point leur peine ,
rien n'eſt ſi bas , que d'être
haut, à qui vous eſt ſoumis.

N'uſez point de termes

durs : il en est d'une espece qui doivent être ignorez d'une personne polie & délicate. Le service étant établi contre l'égalité naturelle des hommes, il faut l'adoucir. Sommes-nous en droit de vouloir nos domestiques sans défauts ; nous qui leur en montrons tous les jours ? il faut en souffrir. Quand vous vous faites voir pleine d'humeur & de colere, (car souvent on se démasque devant son domestique) quel spectacle n'offrez-vous point à leurs yeux ? Ne vous ôtez-vous pas le droit de les reprendre ? Il ne faut pas avoir avec eux une familiarité basse, mais vous leur devez du secours, des conseils, & des

bienfaits proportionnez à vôtre état, & à leur befoin.

Il faut fe conferver de l'autorité dans fon domeftique,
mais une autorité douce. Il
ne faut pas auffi toûjours mé-
nacer fans châtier , de peur
de rendre les menaces mépri-
fables ; mais il ne faut appel-
ler l'autorité , que quand la
perfuafion manque. Songez
que l'humanité & le chriftia-
nifme égalent tout. L'impa-
tience & l'ardeur de la jeuneffe jointes à la fauffe idée
qu'on vous donne de vous-
même , vous font regarder
les domeftiques comme des
gens d'une autre nature que
la vôtre ; que ces fentimens
font contraires à la modeftie
que vous vous devez , & à

l'humanité que vous devez aux autres ?

N'ayez point de goût pour la flatterie des domestiques, & pour empêcher l'impression que les discours flateurs, & souvent répetez , peuvent faire sur vous , songez que ce sont gens payez pour servir vos foiblesses & vôtre orgueil.

Si par malheur, ma Fille, vous ne suivez pas mes conseils , s'ils sont perdus pour vous , ils seront utiles pour moi ; par ces préceptes, je me forme de nouvelles obligations. Ces réflexions me font de nouveaux engagemens pour travailler à la vertu. Je fortifie ma raison, même contre moi, & me mets dans la nécessité de lui obéïr, où je me charge de la honte d'avoir sçû la connoître , & de lui avoir été infidéle.

Rien de plus humiliant , ma Fille, que d'écrire sur des matieres qui me rappellent toutes mes fautes ; en vous les montrant, je me dépouille du droit de vous reprendre : je vous donne des armes contre moi , & je vous permets d'en user, si vous voyez que j'aye les vices opposez aux vertus que je vous recommande ; car les conseils sont sans autôrité , dès qu'ils ne sont pas soutenus par l'exemple.

Fin.

PRIVILEGE

en un ou plufieurs volumes conjoin-
tement ou féparément, & autant de
fois que bon lui femblera, fur papier
& caracteres conformes à lad. feuille
imprimée. & attachée pour modele
fous notredit Contre-feel, & de le
vendre, faire vendre & débiter par
tout nôtre Royaume, pendant le tems
de fix années confecutives, à compter
du jour de la date defdites Préfen-
tes. Faifons défenfes à toutes fortes
de perfonnes de quelque qualité &
condition qu'elles foient, d'en intro-
duire d'impreffion étrangere dans aucun lieu de nôtre obéiffance ; comme
auffi à tous Imprimeurs, Libraires,
& autres, d'imprimer, faire imprimer, vendre, faire vendre, débiter
ni contrefaire ledit Livre ci-deffus ex-
pofé, en tout ni en partie, ni d'en faire aucuns extraits, fous quelque pré-
texte que ce foit, d'augmentation,
correction, changement de titre ou
autrement, fans la permiffion expreffe
& par écrit dudit Expofant, ou de ceux
qui auront droit de luy, à peine de
confifcation des Exemplaires contre-
faits, de quinze cens livres d'amende
contre chacun des contrevenans, dont

un tiers à Nous, un tiers à l'Hôtel-
Dieu de Paris, l'autre tiers audit Ex-
posant, & de tous dépens, dommages
& interêts; à la charge que ces Presentes seront enregistrées tout au long sur
le Registre de la Communauté des Libraires & Imprimeurs de Paris, dans
trois mois de la date d'icelles; que l'impression de ce Livre sera faite dans nôtre Royaume & non ailleurs, & que
l'impetrant se conformera en tout aux
Reglemens de la Librairie, & notam-
ment à celui du dixiéme Avril dernier
1725. & qu'avant que de l'exposer en
vente, le Manuscrit ou Imprimé, qui
aura servi de copie à l'impression dudit
Livre, sera remis dans le même état
où l'Approbation y aura été donnée,
ès mains de nôtre trés-cher & féal le
Sieur Chauvelin Chevalier Garde des
Sceaux de France; & qu'il en sera en-
suite remis deux exemplaires dans nôtre Bibliotheque publique, un dans
celle de nôtre Château du Louvre, &
un dans celle de nôtredit trés-cher, &
féal le Sieur Chauvelin, Chevalier
Gardé des Sceaux de France, le tout à
peine de nullité des Presentes. Du con-
tenu desquelles, vous mandons & en-

joignons de faire jouir ledit Expofant
ou fes ayans caufe, pleinement & pai-
fiblement, fans fouffrir qu'il leur foit
fait aucun trouble ou empêchement.
Voulons que la copie defdites Prefen-
tes qui fera imprimée tout au long, au
commencement ou à la fin dudit Livre, foit tenuë pour dûëment figni-
fiée, & qu'aux copies collationnées
par l'un de nos amez & feaux Con-
feillers foi foit ajoûtée comme à l'O-
riginal. Commandons au premier nôtre Huiffier ou Sergent de faire pour
l'execution d'icelles tous Actes requis
& neceffaires, fans demander autre
permiffion, & nonobftant clameur de
Haro, Charte Normande & Lettres
à ce contraires : Car tel eft nôtre
plaifir. DONNE' à Paris le dixiéme
jour du mois d'Octobre, l'an de grace
mil fept cens vingt-fept, & de nôtre
Regne le treiziéme. Par le Roy en
fon Confei, DE SAINT HILAIRE.

Regiftré fur le Regiftre V I. de la Cham-
bre Royale des Libraires & Imprimeurs
de Paris, N°. 717. fol. 58r. conformément
aux anciens Reglemens confirmez par ce-
lui du 28 Févrer 1723. A Paris le 12.
Octobre 1727. BRUNET, Syndic.